现代汉语词义分类体系的建立和自动标注

柏晓鹏 著

The Establishment and Auto-labeling for
Word Sense Taxonomy of Mandarin Chinese

中国社会科学出版社

图书在版编目(CIP)数据

现代汉语词义分类体系的建立和自动标注／柏晓鹏著．—北京：中国社会科学出版社，2019.8

ISBN 978-7-5161-5277-5

Ⅰ.①现⋯ Ⅱ.①柏⋯ Ⅲ.①现代汉语—词义学—分类体系—研究 Ⅳ.①H13

中国版本图书馆 CIP 数据核字(2014)第 297418 号

出 版 人	赵剑英	
责任编辑	宫京蕾	
责任校对	韩天炜	
责任印制	郝美娜	

出　　版	中国社会科学出版社	
社　　址	北京鼓楼西大街甲 158 号	
邮　　编	100720	
网　　址	http://www.csspw.cn	
发 行 部	010-84083685	
门 市 部	010-84029450	
经　　销	新华书店及其他书店	
印刷装订	北京君升印刷有限公司	
版　　次	2019 年 8 月第 1 版	
印　　次	2019 年 8 月第 1 次印刷	
开　　本	710×1000　1/16	
印　　张	11.75	
插　　页	2	
字　　数	201 千字	
定　　价	75.00 元	

凡购买中国社会科学出版社图书，如有质量问题请与本社营销中心联系调换
电话：010-84083683
版权所有　侵权必究

序

2012年春天，柏晓鹏的博士论文答辩在新加坡国立大学举行，当时我在厦门大学远程视频会议出席了答辩会，并担任答辩主席。晓鹏的论文很有挑战性，题目中的几个关键词我都长期关注过，有的还尝试做过一些研究。

现在晓鹏的博论成书，很荣幸接到邀请，为他的大作写几句话。正是因为关注过同样的研究问题，所以在读到书稿时不由得生出深深的钦佩与赞许之情。词义系统的建构是近二十年语言学界相当关注的一个课题，特别是在计算语言学中为了提高自然语言处理水平，更是研究热点和焦点之一。柏晓鹏博士的《现代汉语词义分类体系的建立和自动标注》同时瞄准了"词义分类体系的建立"和"自动标注"这两个关键问题，做出了很有创新意义的工作。以下几个特点表现得相当突出：

第一，角度新，根据计算机处理自然语言的需要与要求来完成词义系统的建构。在建构词义系统时着眼于的不是具体"词""词义"，而是"义类"；不是以"代表词"作为义类的代表，而是尽量诠释义类的语法、语义特点。这样做有诸多好处，其中最突出的一个就是能有效地解决词义系统中词语与词义的封闭性与实际语言中词语快速变动的矛盾，有效地解决了自然语言处理中经常会碰到的未登录词的问题。

第二，对名词、动词、形容词的所有义类进行了全面、系统的义类标注。建立了名词4大类97小类，标注了25517条名词；动词3大类37小类，标注了15920条动词；形容词2大类19小类，标注了5213条形容词。建立词义系统难就难在建类的普遍性与完整性上，单个类好立，而要将所有词语放在用统一划分标准建立起系统的语义系统中则相当困难。作者在建立系统时没有追求义层深度的一致，而是在分类标准、方法一致的情况下因义类而异，义层的深浅、义类的粗细皆依立别而别。这种思路是对现有的概念分类词整齐划一的分类体系的一大突破。

第三，依照词的语法功能义与语义搭配义来进行分类。在面向人的词义系统中，基本都是以词的概念义来做分类依据，注重概念义的同与近、对与反，也因此就有了"代表词"的选择与合适与否。而晓鹏的大作分类依据的主要是词的语法功能义与语义搭配义，即"使用句法功能、语义角色和语义选择限制三类特征"。"我们在句法功能框架中考察语义角色和选择限制特征并定义义类"；"对于动词来说，要描写它的论元结构，需要指明论元的语义角色和位置，对于形容词来说，它不能充当语义角色，论元结构也不明显，所以这个特征基本无法在形容词分类中发挥作用"。

这些特点与书中所要建构的语义系统的研究目标是紧密相关的。本书确立了两个研究目标，一是"建立一个面向自然语言处理的汉语词义分类体系"，二是"义类标注。将使用义类进行义类自动标注，以检验义类定义的区分程度，证明义类体系是适用于义类标注的"。应该说本书在分类系统、分类方法、分类对象这几个关键问题上都做出了与研究目标作契合的处理。

本书还有一个明显长处，就是没有停留在单纯的理论研究与词义系统的静态建构上，而是努力将其放入自然语言处理的实践过程中。在第五章、第六章将词义系统放入真实语料进行了义类标注的检验，并通过基于词典的义类标注、多义类标注的尝试，其高频义类标注、自动消歧实验都有一定的理论依据和实验过程加以支撑。

词义和语义的研究是语言研究中最困难的领域，这不仅仅是语义的软性呈现方式，也不仅仅在于复杂性、散漫性，还在于它的丰富内涵提供了人们认识语义世界的多角度。作者在义类建构后，对具体词语的标注义类后发现了"类"与"词"之间的矛盾，这就是很有意义的发现，映透出词汇理论关于词汇发育不平衡、词汇分类时主观标准与客观标准之间的兼具、以"义类"为主还是以"词"为主的两种分类方法的优劣。

总的来看，本书的工作依据的"句法功能、语义角色和语义选择限制三类特征"理论是可信的，对名词、动词、形容词进行了共 9 个大类、155 个小类，涵盖 4 万多条具体词语的义类标注，在中文信息处理用的语义系统的理论创见和实践创建上都做出了明显成绩，是现代汉语词汇语义系统的计算机处理中的一个很有意义的探索性成果。

  这几年与晓鹏博士经常见面，他虚心好学，勇于发现，在语言学领域不断地探讨着。作为在词汇语义系统研究及计算机处理上做过一些探索的同行，作为最早阅读到大作的有幸者，很乐意谈谈自己的学习体会，是为序。

苏新春
2019-7-26

目 录

第一章 绪论 ··· (1)
 第一节 义类和义类体系 ··· (1)
 第二节 课题的提出 ·· (2)
 第三节 研究目标 ·· (4)
  一 义类体系 ·· (4)
  二 义类标注 ·· (5)
 第四节 语料来源 ·· (6)
 第五节 章节安排 ·· (6)
第二章 文献综述和理论框架 ··· (8)
 第一节 义类建设 ·· (8)
  一 基于词义特征的方法 ·· (8)
  二 基于组合特征的方法 ·· (11)
  三 基于语义场和领域特征的方法 ································· (13)
  四 建设义类方法的总结 ·· (15)
 第二节 语义标注 ·· (17)
  一 基于知识的词义消歧 ·· (18)
  二 基于语料库的有监督消歧 ······································· (19)
  三 基于语料库的无监督消歧 ······································· (20)
  四 词义消歧方法的总结 ·· (22)
 第三节 理论框架和研究方法 ··· (24)
  一 前提理论 ·· (26)
  二 研究方法 ·· (28)

第三章 汉语词汇义类体系的定义（上）：名词部分 ………（30）
第一节 汉语词汇义类的特征 ………………………………（30）
第二节 名词义类体系 ………………………………………（33）
一 句法功能对于名词分类的作用 ………………………（35）
二 语义角色对于名词分类的作用 ………………………（36）
三 语义选择限制对于名词分类的作用 …………………（38）
四 名词义类详解 …………………………………………（38）
第三节 小结 …………………………………………………（95）

第四章 汉语词汇义类体系的定义（下）：动词、形容词部分 ……（96）
第一节 动词义类体系 ………………………………………（96）
一 句法功能对于动词分类的作用 ………………………（97）
二 论元结构对于动词分类的作用 ………………………（97）
三 语义选择限制对于动词分类的作用 …………………（98）
四 动词义类详解 …………………………………………（98）
第二节 形容词义类体系 ……………………………………（116）
一 句法功能对形容词分类的作用 ………………………（117）
二 论元结构对形容词分类的作用 ………………………（117）
三 语义选择限制对形容词分类的作用 …………………（117）
四 形容词义类详解 ………………………………………（117）
第三节 建立义类体系的难点 ………………………………（124）

第五章 义类自动标注 ……………………………………………（128）
第一节 基于词典的义类标注 ………………………………（128）
一 拼音与义类的关系 ……………………………………（129）
二 义项与义类的关系 ……………………………………（130）
第二节 多义类消歧 …………………………………………（131）
一 高频义类标注 …………………………………………（132）
二 有监督的自动消歧实验 ………………………………（134）
第三节 小结 …………………………………………………（147）

第六章 基于语料库统计的义类研究 ……………………………（149）
第一节 义类频率和分布 ……………………………………（149）
一 名词义类的分布及其频率 ……………………………（149）
二 动词义类的分布及其频率 ……………………………（153）

三　形容词义类的分布及其频率 ………………………（155）
　第二节　义类的内部特征 ……………………………………（157）
　　一　义类内外特征的互补关系 …………………………（158）
　　二　计算方法 ……………………………………………（159）
　　三　个案研究一：名词义类"1.1生物"子类的固定
　　　　词根比例 ……………………………………………（161）
　　四　个案研究二：动词义类"1自主变化"子类的固定
　　　　词根比例 ……………………………………………（164）
　第三节　小结 …………………………………………………（167）
第七章　结论 ………………………………………………………（168）
参考文献 ……………………………………………………………（172）

第一章

绪　　论

第一节　义类和义类体系

本书研究的内容是现代汉语义类体系及其语料库标注。义类是在意义上有相似性的词义的集合，被语言学分类特征明确定义，词义是义类的成员或实例；义类体系是义类由分类特征的继承和扩充而形成的树形体系，它的基本单位是义类。我们认为，义类和义类体系与同义词词典、知识本体、词汇网络都有一定的相似性。

同义词词典是把相同词义的词聚合起来而形成的词典。同义词词典和义类体系中都有若干集合，每一个集合表达了一个意义或概念，集合中有若干词语，这些词是集合中的实例。从这个角度来说，义类和同义词的共同点在于二者均为词义类聚的集合；义类体系和同义词词典的共同点在于二者均为若干词义集合的集合体。

知识本体（ontology）是模式化描述知识的表示方式，它要求用形式化的特征按照一定的方式（模型）去描述知识，这样用知识本体描述出来的知识库具备共享性、可扩充性和可移植性特征（Gruber, T., 2009）。其中，共享性是指用知识本体描述的知识可以被不同的用户使用；可扩充性是指知识本体可以描述知识库中不存在的新知识，简单地扩充知识库；可移植性则是指本体知识库是一种被规则定义的数据库，所以可以方便地用于不同的计算系统。义类体系是被分类特征定义的词义集合，在这点上义类体系的基本思想与本体知识库相同，描述义类的是支持词义分类的语言学特征（Farrar, S., et al., 2002），这样做的目的是使得义类体系具备一定的共享性和可扩充性。

词汇网络根据词语间的关系把词义联结起来。在义类体系中，词义之间没有直接的联系，义类间的联系是通过分类特征的继承和扩充得以实现的，所以义类体系是以树的形式存在，它提供的关系基本上只有上下位关系，以及处于同一义类内部的词义之间的相似关系。

第二节　课题的提出

本书课题的提出来源于我们对计算语言学及基于语料库的语言学研究的关注。基于语料库和语料库数据驱动的方法是当代语言学研究的重要方法，尤其在应用语言学领域（如计算语言学和语言教学），不仅需要高质量的语料库，也需要其他的语言知识资源，如机读词典、义类词典、语义网络等。

计算语言学（自然语言处理）的基本研究内容可分为语言学和计算技术，语言知识和算法两大方面。目前自然处理技术的主流方法是统计和规则相结合的方法。所谓规则与统计相结合，指的是运用统计模型从大规模语料库中学习到一些语言知识，然后把这些语言知识作为机器学习模型的参数从而实现某种应用，在应用的过程中对规则参数不断进行修正，最终使得系统达到最佳。能够作为参数的语言知识都是规则化、量化的信息，而面向信息处理的语言理论在短时间不能获得，所以训练程序所能学习到的语言知识的数量与质量，依赖于语料库提供了怎样的内容，进一步而言，语料库的加工越精细，算法模型的结果可能越好。而现在被大规模运用的语料库大多只是提供了词法，如分词和词性，缺少句法层面的信息（如树库），语义信息更是稀少。目前可用的语言知识大多还是语法知识，解决的问题主要是句法剖析（parsing）、模式识别等不需要太多语义知识参与的问题。目前，计算语言学正面临知识瓶颈的问题，现有的语言知识已经无法满足进一步研究的需要，需要有语义知识的加入。义类作为一种词义知识，可以被现有的技术利用，提高现有技术的效率并拓展研究领域。要使得义类成为计算机可用的语言知识，首先得有一个合适的义类体系，这是我们关注义类问题的第一个原因。

第二个原因是词义标注的问题。词义标注其实是对多义词进行标注的问题。标注的目的是要对词义知识进行建模，所以首先要求用来标注的词典在多义词的释义方面做到颗粒度一致，其次要求被标注的词义知识是可以被描述的，必须可以通过语言特征表示出来。词义标注首先需要一部释义词典作为知识库，由于现在并没有一个能够对词义知识进行形式化描述的系统，人们只能拿人用词典进行标注。人用词典至少有三个缺点不能适应计算的要求：第一，释义的方法不明，尤其对于汉语词典来说，词典编纂者们还没有能够建立一些完整的词典释义方法论体系；第二，释义颗粒度，由于没有方法论的指导，一部词典里词条释义的精细程度是不一致的，并且还没有方法去评估词条的释义颗粒；第三，释义没有统一的格式，词典不是一个结构化的体系，内部缺少连接。人用词典的这些问题导致词义标注很困难，很容易造成标注中的不一致问题。在语料库加工过程中，标注的不一致使得语料库的质量大大下降，给最终的结果带来负面影响，同时也延长了语料库建设的周期并增加了成本。况且，不同的应用对词义知识的需求是不同的，对于舆情监控、文本态度计算来说，只需要知道词义的褒贬倾向；对于机器翻译来说，需要一部完整的释义词典。对于需要释义的应用，需要的词义颗粒度也是不同的，对于传统的词典编纂来说，词义的释义越细致越好，但是对于自然语言处理来说，一部释义很细的词典往往会适得其反，因为精细的词义往往无法在语料库中找到足够的数据来对该词义进行建模，所以精细的词义会成为词义消歧（word sense disambiguation，WSD）的负担（Nancy Ide，1998）。义类是一种较粗颗粒度的词义标记，并且它不是基于个体词的，所以可以较好地克服语义颗粒度过细带来的问题。

　　第三是语义计算的需要（林杏光，1999）。语义计算是把语义知识作为参数输入模型，对语言进行计算的过程，所以事先需要一个语义标记集。从计算的角度来看，目前主流的算法是概率模型，模型的输入应该是有限数量的参数，所以语义标记集和词类的性质是一样的：一个数量有限的封闭集。义类是一个有限的封闭集，所以义类标注的语料库可以进行词义计算。从这个角度看，由于词类体系中的词义数量是扩张的，且每个词的词义都不同，因而词义标注并不适于语义计算，至少不适于目前处于主流的概念计算模型。另外，词义标注也许可以适用于基于规则的算法，但由于规则难以获得并且很难保证其效率，因而这种算法很早就被抛弃了。与词类体系不同的是，义类体系不是一个简单的标记集，它是一种词义知识表示，是对词义的形式化描述，义类体系内部互相联系，所以义类体系本身具备推理性，和词类体系相比，它的应用范围可能更广泛。

第三节　研究目标

这项研究有两个研究目标。

第一，建立一个面向自然语言处理的汉语词义分类体系。该义类体系的特点是义类体系中的每个义类标记都根据语言学分类特征进行定义，它本身是一个汉语词义知识体系。

第二，语料库自动标注。我们将使用义类进行义类自动标注，以检验义类定义的区分程度，证明义类体系是适用于义类标注的。

一　义类体系

根据之前的定义，义类体系的基本单位是义类，具体的词义是义类的实例，而义类体系本身是一个层级体系（hierarchy），以下是关于义类体系的几个基本概念。

义类标记（word sense class tag）：在 WordNet（Fellbaum，C.，1998）和同义词词林（梅家驹等，1983）中，每个类都有一个领头词，作用是提示该类表达的概念意义，领头词一般是类中的某个成员词。在我们的研究中，领头词被视为一个符号，用来标示一个义类，我们使用义类标记，义类标记不是该类的某个成员词，我们尽量使得义类标记能够诠释一个义类所表示的概念，但是义类所指称的概念意义是通过义类的定义表达出来的，我们不能指望通过义类标记就完全理解义类所指称的概念意义。

成员词（word item）：每个义类都包含了若干成员词，成员词是符合该义类定义的词义。

特征（features）：特征是用来定义义类的要素。在机器学习，尤其是自动分类的研究中，特征指那些支持分类的参数。借用这个概念，特征在我们的研究中指那些支持义类分类的语言学知识。

父类和子类（class and subclass）：在我们的研究中，父类和子类的词义上下位关系不体现在实例上面，进言之，父类中的词义不一定和子类中的词义构成上下位关系，父类和子类中的某些词义甚至可以没有明显的词义关系。父类和子类的词义上下位关系体现在特征的继承和扩张上。子类继承了父类的全部特征，并且附加了一些别的特征，子类之间的区别就在于这些附加的特征。

实际上，自然语言处理已经或多或少地从词义分类的研究上受益。而在词汇语义学的研究领域，词义分类也不是一个新鲜的话题，很多研究都可以看作词义分类的研究，如同义词词林、HowNet（Dong, Z. D. & Dong, Q., 2006）、WordNet, 等等。我们的研究目标是建立一个面向自然语言处理的汉语的词义分类体系，它不仅仅是一个词义标记集，也是一个词义知识表示体系。"面向自然语言处理"的意思是，我们将从语言工程的角度来考虑建立义类体系的问题。这个义类体系将有以下特点。

第一，义类体系中的义类标记都有明确的定义。分类体系的一个重要问题是如何给每一个类定义，从我们的角度出发，定义由可操作的语言学特征组成，这样才能够很好地支持语料库标注和知识库本身的维护。

第二，适用于语料库标注。我们的义类体系是一个数量有限的标记集。很多词义分类体系对义类标记数量没有约束，这样的分类体系是无法在语料库中进行标注的：如果标记数量太少，词义标记将无法体现词义的差异，而只能体现很宽泛的词义知识；如果标记数量太多，则会降低标注过程中的一致性，并带来更加严重的数据稀疏问题。怎样把分类约束在一个合理的范围内，这是一个很重要的问题。

第三，容易维护。义类体系是对语料库进行标注和描写词义的材料，其产品是一个义类词典。面向工程的义类体系所面临的是消歧和新词识别的问题。在最初的设计中，义类词典不论被扩展得多大，理论上它总是有限的，因而当使用者遇到一个不在词典中的词时，需要对这个词作出合理的判断。如果义类体系本身有一套识别词语义类的方法，这个工作就比较简单，以后只要遇到词典中没有的新词，义类体系本身就可以自足地解决维护问题。

我们把这个义类体系定位于一个准知识本体，因为当一个词被标注了一个义类标记时，它提供的不仅仅是一个标记，而是这个标记所有的语言学定义，通过这个标记，我们可以知道关于这个词的很多语言学特征。当我们遇到一个从未被标注过义类的词时，这个义类体系提供了标注义类的方法，我们可以通过观察当前词的语言学特征和义类体系中的义类进行比对，然后分配一个合适的义类标记。所以，义类体系是一个知识平台，提供了可操作的词义分类工具。

二 义类标注

标注义类语料库的目的是在标注过程中检验义类的定义，定义义类的目的是提供识别词义义类的可操作方法，我们希望通过义类的定义克服标注的不一致和现有义类词典的不可扩充性这一缺点。这是我们的义类体系与其他义类体系得以区别的根本特征，这个特征将在语料库标注的过程中得到体现。在理想的情况下，一个定义得当的义类可以自动标注在语料库中。

第四节　语料来源

我们使用的语料库是全文义项标注语料库（下文称为义项语料库），该语料库是由新加坡国立大学、北京大学和商务印书馆合作开发的义项标注语料库。该语料库来源是当代大陆地区最具代表性、使用面最广的中小学语文教材，本书使用的是其中的小学和初中部分，共9套，共计2308篇课文文本，语料库规模达122135个字，51343个词形[①]，1141371个词例，54997个带义项词形。这个教材语料库兼顾了代表性和平衡性，能够较真实地反映现代汉语词汇的现状，适合作为实验数据。该语料库标注了拼音和义项信息，这两类信息均来自于商务印书馆出版的《现代汉语词典（第5版）》，因为义类标注是以词义为单位的，所以要在参考词义信息的前提下标注义类，多义词则需要根据不同的义项，虽然在研究中我们发现义项和义类没有绝对的对应关系，但是在人工标注阶段我们必须参考词典释义。拼音和义项都帮助我们准确定位词典释义。

第五节　章节安排

第一章是绪论。阐述本书的研究内容、选题理由、研究目的和基本研究方法。

第二章是文献回顾。我们对义类体系的建立和自动标注技术进行回顾，探讨现有方法论的优缺点，在此基础之上提出具体的研究框架。

第三章是义类定义框架的具体内容，以及名词的分类体系的定义和详解。

[①] 词形相同而词性或读音不同的词不算作同一个词形，如"长/a/cháng"和"长/v/zhǎng"，算作两个词形

第四章是动词和形容词分类体系的定义和详解，并对第三章和第四章的义类定义工作中遇到的难点作出总结。

第五章是多义类词的义类消歧实验。我们利用第三章建立的义类体系，进行自动标注，生成义类语料库，并且对其中的多义类词进行自动消歧实验。

第六章是基于统计的义类研究，对义类语料库进行简单的数据挖掘，发现了一些有意思的现象。

第七章是结语。

第二章

文献综述和理论框架

本章分为三个部分：第一部分回顾了现有的义类体系的建设方法；第二部分回顾了义类标注有关的技术，在此我们借鉴了词义消歧的相关内容，因为义类标注作为语义标注，与词义消歧一样均属于自动分类问题；第三部分通过前两个部分的回顾，在总结现有义类体系建设方法的局限性的基础上，结合标注方法的困难程度以及可能获得的资源，我们设计了一个层级性的定义义类和义类标注策略。

第一节 义类建设

我们参考了13个义类体系，考察它们的建设方法。总体来说，建设义类体系的方法主要有基于词义特征的方法、基于词义组合特征的方法和基于语义场与领域知识的方法。这13个义类体系中有的并不完全是纯粹的义类体系，而是词义知识库，不过在自然语言处理研究中被当作义类体系使用，如同义词词林、WordNet。这13个义类体系分别是：WordNet、FrameNet、HowNet、同义词词林、信息处理用现代汉语语义分类词典、"九零五工程"义类体系、简明汉语义类词典、现代汉语分类词典（董）、现代汉语分类词典（苏）、现代汉语语义词典、形容词分类词典、现代汉语动词分类词典和B. Levin的动词分类体系。

一 基于词义特征的方法

基于词义特征的方法利用词义某方面的特征，这些语义特征往往具有普遍性，是词义所共有且普遍存在的。这些特征可以分为两种：一种是词汇关系，如同义、近义、反义关系等（D. A. Cruse，1986）（符淮青，

1985）；另一种是语义特征，主要是通过义素分析的方法（John Lyons, 1973）（张志毅，2001），归纳出词汇表义所用的基本意义单位生成一个语义特征列表，然后用这个列表去描述词义。如 WordNet 使用同义、反义等词义关系，用这些特征对词义进行描写，形成词义网络。前一种方法的好处是直观、易操作，很容易建立起一个粗糙的义类体系，其缺点在于，很难进行进一步的子类划分和扩充，因为词义越细，具有普遍性的分类特征越难以发现，不是分类能力弱，就是跨类严重，所以这种方法无法在义类体系的建立过程中一直使用下去。HowNet 根据后一种方法的思路，从汉字中总结出意义的基本单位义原，用义原描述汉语词汇。

该方法的缺陷是由词义特征的来源造成的。根据 M. Lynne Murphy（2003），从词和意义的关系的角度来看，词的意义由语用意义（pragmatic meaning）和词汇意义（lexical type of meaning）组成。语用意义是我们由上下文中推导出来的意义，是依赖具体语境的，语用意义又被称作百科知识或世界知识（encyclopedic or world knowledge）。一般来说，词汇语义学研究更关心词的词汇意义，而语用意义的范围太大，对这种意义的分析还没有很好的处理方法。基于词义特征的方法往往是结合一两部词典和设计者自己对词义的理解来获取词义特征的，所以词义特征可能包括了词的词汇意义和语用意义，而这会造成特征选择和子类划分的困难。

以下几个义类体系是主要基于词义特征的方法建立的。

- WordNet

WordNet 是美国普林斯顿大学从 1985 年开始构建的在线词典，描写词义间的各种语义关系，包括词语的上下位关系（Christiane Fellbaum, 1998）。WordNet 的目标是通过这个项目来揭示所有的英语词汇之间的可能的关系，它为自然语言处理提供完备的语义知识库。WordNet 的影响很大，很多 NLP 的研究项目和竞赛，如义项标注，SenseVal 等都以 WordNet 作为基础资源，SUMO 也把自己的知识体系和 WordNet 进行映射，WordNet 主要的优势在于：它利用词汇关系（lexical relation）把词义联结起来，词汇关系是固定简单且易于操作的，所以在构造 WordNet 的时候不会有太多的障碍；WordNet 是结构化的知识库，并且规模庞大，这点对于 NLP 研究和应用来说是一个明显的优势。不过，我们也看到，WordNet 并非对语义类进行的专门研究，其形成的数据库也很难看成一个语义类系统，这体现在 WordNet 并没有在如何判定同义词集的问题上作深入的研究，它的同义词集主要来源于一些现有的义类词典，如《罗杰斯义类词典》(The Roget's Thesaurus)，它对词义关系的描述还是基于词义的（依赖于词典释义）。所以，从我们的角度来看，WordNet 存在以下问题：只有名词被建构成一个层级体系（hierarchy），同义词集被表示成上下位的关系，而其他的词类显示为网状结构，其中的数据关系复杂，所以 WordNet 并不适合作为一个义类标记集去标注语料库；不同词类的词义没有联系；维护困难，由于 WordNet 没有对同义词集进行定义，所以对 WordNet 的扩展不得不依赖设计者对词义的理解，每一次的扩展都非常费力，版本间的词义映射需要花大量人工去完成。

需要指出的是，这里所说的"缺点"是从研究义类的角度出发而得到的，而不是 WordNet 的错误。WordNet 项目并不是要建立一个义类体系，它是一个基于心理学的项目，目的是建立一个网络结构而非层级体系，但有些学者将其当作义类体系来使用。WordNet 有很多姐妹项目，如欧洲的 EuroWordNet 项目（Vossen. P., 1998），台湾中研院开发的中文 WordNet——CWN（Huang, Chu-Ren, 2000）。

● HowNet

HowNet 是一个中文的词汇知识库，由董振东主持完成（Dong, Z. D. & Dong, Q., 2006）。和 WordNet 把自身定位为一个在线的语义词典不同，HowNet 把自身看作一个词义知识系统而不是一个词典，它希望为 NLP 提供完善的关于词义的百科知识，而并不局限于词汇语义的范围。HowNet 中最小的元素是义原，即不可再分割的最小的意义单位（这实际上是义素分析法的思路）。按照这一思路，HowNet 确定出 2212（2006 版）个义原，主要分为实体（entity）、事件（event）、属性（attribute）、属性值（attribute value）和次要特征（secondary feature）五个大类，并用这些义原对词语进行描述，再利用一种称为 KDML（Knowledge Database Markup Language）的描述手段把大部分汉语词汇收入知识库，使其中每个词的首位义原显示该词所属的语义类，最后使用一些被定义的符号标示义原间的关系。HowNet 对词义的描述是基于百科知识的，试图对词义进行详细的特征描述和关系描述。HowNet 对中文词语进行了首次结构化描述的尝试，其最大的优点在于利用义原对词义的组成概念进行了穷尽式描写，形成了一个词义描述的有限集，而关系符号的运用克服了 WordNet 中无法进行跨类关系描述的缺点。颜国伟、谭慧敏（1999）利用 HowNet 为语义标注集，标注了台湾中研院平衡语料库。HowNet 实际上是要重写一部汉语词典，它的问题在于没有界定需要描写哪些知识，在描写百科知识时，却没有限定百科知识的范围和种类；另外一个问题是，HowNet 只规定了词义知识表示的方式，却没有说明如何运用义原描写词义，缺乏可操作性。所以 HowNet 对词义的描述实际上依赖于人的语感。由于有这两个缺点，HowNet 在释义的过程中难以保证一致性，虽然我们可以通过词条的第一个义原得到词义的义类，但是不能保证义类的正确性，而且在遇到新词的时候也没有合适的机制来对新词进行描写。

- 形容词分类词典

《形容词分类词典》采用分析词义特征的方法进行形容词的分类（王安节、周殿龙，1993）。根据形容词词义指称对象与人产生关系的方式，它把形容词分为"局部印象"和"综合印象"。局部印象是人对世界的主动感知，根据感知的"对象"特征，分为"视觉""听觉""嗅觉""味觉"和"触觉"；综合印象是人对事物的评价，根据评价的"对象"特征，分为"性情""仪态""态度""世势""事理"和"程度"。在子类划分方面，该词典分类的特征比较混乱，有根据"修饰对象"分出的"政局""情景"和"处境"，更多是根据语义场划分的子类，如在"态度"类别中下分"处世""待人"和"做事"类。可见该词典的划分是把词义的语言学特征和世界知识特征混在一起。

- 现代汉语动词分类词典

《现代汉语动词分类词典》的对象是动词词义，采取分析词义特征的方法，该词典以动词词义指称的动作行为的发出者为特征，分出四个大类：人体类、心理类、社会类和自然类（郭大方，1994）。在子类划分上，则使用语义场的方法，如"心理类"分为"情感活动""理解活动""想象活动"等。

二 基于组合特征的方法

基于词义组合的方法是由框架语义学理论发展来的方法（Abraham & Ferenc, 1966），它以词义间的组合特征为分类特征，来建立义类体系，使用格语法（胡明扬，2002）以及 Levin, B. (1993) 的动词分类法属于这一类方法。这个方法的优点是可操作性强，解释力也强，可对义类进行形式化定义。其缺点在于：第一，组合特征的数量和种类难以确定，因为需要对词义本身有相当的研究，如 FrameNet 对动词词义描写其论元结构时，论元的数量、必有格和可选格的确定等问题都没有解决，对项目的进行造成负面影响，而谓语论元的问题是词义研究的重大理论问题；第二，从自动标注的角度来看，这个方法存在"理论"和"真实"之间的矛盾，具体而言就是在词义被描写出来的组合特征中，有些特征可能无法在真实语料中观察到，这一情况对自动标注造成负担；第三，对有些词义作用不大，如表抽象概念的名词。

以下几个义类体系是主要基于词义组合特征的方法建立的。

● FrameNet

FrameNet 是 Fillmore 主导的基于框架语义学理论的在线词汇知识库项目（Baker, C. F. & Fillmore, C. J. et al., 1998），至今还在进行。FrameNet 的基本单元是框架，它是一个特定意义的基础，其核心是动词。框架描绘了场景、对象或事件，里面包含了框架元素（题元角色，Theta-Role）。在 FrameNet 中，框架描述的是事件（事件的中心是动词），它在本质上并非描写语言学意义上的词义，而是描写了动词的所指——事件，这就带来一个问题：对框架的描述依赖于人的语感，而一旦依赖语感，那么描述出来的结果就会有很大的争议，而且在对整个词义体系的描述过程中会遇到严重的不一致问题。所以，框架语义学和 FrameNet 的一个重要缺陷就在于框架中的元素无法确定，框架的核心元素和非核心元素的确定也比较困难，这个缺陷导致对框架描述的主观性较强，严重延缓了项目实施的进度。

● 信息处理用现代汉语语义分类词典

这个义类体系是为了配合清华大学的"现代汉语述语机器词典"的编纂而建立的（陈群秀，2001；许嘉璐、傅永和主编，2006）。"现代汉语述语机器词典"描写了动词词义的论元结构和特征，义类是论元特征的一项，所以这个义类体系符合动词词义描写的需求。该体系主要使用格语法理论结合语义场方法构造，但从分类结果看来，该义类体系实际上倾向于领域分类的方法，义类划分相当细致，在近 900 个义类中，有些义类表示了相当专业的概念，如"5.1.1.1.2.2.9.2 内分泌系统""5.1.1.1.2.2.3.1 神经中枢系统"等。

● "九零五工程"义类体系

这个义类体系是"中文信息处理应用平台工程"的子项目（陈小荷，

1998）。这个义类体系主要是为了满足句法分析的需要，在方法上采用格语法和语义场理论。该体系把词分为四个大类：事物类，对应名词和指人或事物的代词；运动类，对应动词；时空类，对应表时间处所的名词、方位词和副词；属性类，对应表属性名的名词、形容词以及一些有实在意义的副词。

在划分子类的时候，设计者使用义素分析的方法，通过描写语义特征来拓展义类体系的深度，特征要具有普遍性、能够把词义区分开的能力。比如，事物类分为具体物和抽象物，具体物根据"生命特征"分为生物和非生物，非生物根据"来源特征"分为天然物、人工物、遗弃物、几何图形和非生物构件。

- Levin, B. 的动词分类体系

这个分类体系（Levin, B., 1993）的理论前提是：动词的句法行为（syntactic behaviors）由动词的词义决定（至少是部分决定）。Levin 考察动词词义的论元结构和可能的句法变换（alternations），以动词的这些句法表现特征为分类特征，划分出 47 类动词义类。

- 现代汉语语义词典（SKCC）

现代汉语语义词典是北京大学计算语言学研究所和北京大学中文系合作开发的面向自然语言处理的语义知识库（王惠等，2003），SKCC 描写了包括名词、动词、形容词在内的 11 类实词，对名词、动词、形容词、副词和数词建立了义类体系，目前标注 6.6 万条词条。SKCC 把词义放在动态的组合框架中去考察，描写了实词的配价特征以及配价关系中的语义限制特征，适用于多种 NLP 任务。SKCC 的目的是迎合句法分析的需要，其中的义类体系是为了能够描述语义限制特征。SKCC 把配价理论和选择限制理论结合成组合框架以考察描写词义，这种方法具有一定的可操作性，克服了以往建立义类体系中过于依赖主观语感的缺点。

三 基于语义场和领域特征的方法

语义场（Lehrer, 1974）的方法以某个概念为中心，凡是和这个概念有关的词义都可以放入这个语义场，也就是可以划为一类。领域特征的方法是与某个领域（往往比较专业）相关的词义都划为一类。语义场和领域特征的方法可以看作多语义特征的方法，只要是与多语义特征中的一项语义特征相符的词义，都可以划为一类。这个方法的优点是直观、解释力强，即便是专业领域的词义，也可以轻松地进行义类判断。其缺点是缺乏操作性，容易造成跨类，难以处理领域特征不强的普通词义，且维护成本很高。

以下几个义类体系是主要基于语义场和领域特征的方法建立的。

● 同义词词林

《同义词词林》（梅家驹，1983）是第一部现代汉语词义分类词典。《同义词词林》的编纂者设计这部义类词典的初衷是为了给写文章的人提供更多的词汇选择，可以用不同的词汇表达相似的意义，避免文章中词汇的过多重复。同义词词林不仅被当作一部词典使用，自然语言处理也把它作为词义资源，一些单位和机构对词林作了不同程度的扩充和结构改变，用于多种 NLP 任务（程月、陈小荷等，2007；田久乐、赵蔚，2010；贾玉祥、俞士汶，2010）。词林的结构简单，不像其他的词义知识库有复杂的结构，相较于上面我们提到的词义知识库，词林更像是一个义类体系，因为它主要是由词义的同义关系和上下位关系构成的体系。词林是用语义场和领域特征的方法构建的，不区分词类，从建立义类体系的方法来看，词林不是一个好的义类体系。

第一，也是最重要的一点，词林并没有说明如何鉴别同义词。虽然鉴别同义词是有争议的问题，而且学界对这个问题一直没有公认的解决方法，但是同义词词林完全回避了这个问题，依赖人的语感设立义类和标注词表。所以，如果用同义词词林来标注语料库，会遇到不一致问题；另外，在维护方面，尤其是扩张规模，依赖人的语感。

第二，词林没有区分词类，这是词林遭到很多人诟病的地方。

第三，词林包含的不仅仅是词，还有成语和惯用语。

● 简明汉语义类词典

《简明汉语义类词典》（林杏光、菲白编，1987）构造义类体系的方法是语义场的方法，基本原理与《罗杰斯义类词典》相似，它共有 18 个大类，每一类是一个主题，不分词类，与主题相关的词义被认为属于该类。如第二类"品德"，其中有名词"品德""情操"等，有动词"贪污""偷窃"等，有形容词"怕苦""俭朴"等。这个义类体系是根据"人"的概念划分义类，18 个大类中有 11 个是"人"各方面的语义场，其他七类是和"人"概念相对的"物质"类（"非人"概念），表示动词概念的"运动"类，表示形容词概念的"程度""性质""数量"类，以及"时间""空间"类。

• 现代汉语分类词典（董）

《现代汉语分类词典》（董大年主编，1998）也是基于语义场的分类方法建立的义类体系，不分词类。该词典以语义场理论构造义类体系，分出17个大类，其中有12个大类是跟"人"的概念有关的，而在子类划分方面，与大义类场相关的意义被归入该类，如"医疗""人体"和"分泌排泄"被划为一类，"行为"和"性格"被划为一类。

• 现代汉语分类词典（苏）

《现代汉语分类词典》（苏新春主编，2010）是一部"面向人，服务于人"（苏新春、洪桂治、唐师瑶，2010）的义类词典，它收录了8.3万多条词汇，共5层，分9个一级类，62个二级类，516个三级类，2086个四级类，12602个五级类。这个义类词典根据人对世界的理解对词义进行分类，力求分出符合人的语感的义类。其分类很细，每个义类平均只有6.58个成员词，所以它的分类标准是否具有操作性是值得讨论的。从分类标准来说，由于缺乏作为标准的可操作的具体步骤，会给标准带来很大的主观性而导致难以控制标注结果[①]。

四 建设义类方法的总结

从之前对各义类体系的介绍中，可以看出建设义类体系的三种方法是相容的，大部分义类体系采取了两种或三种方法，如表1所示：

表1　　　　　　13个义类体系建设方法的统计

义类体系	词义特征方法	词义组合特征方法	语义场和领域特征方法
WordNet	√		√
FrameNet		√	
HowNet	√		
同义词词林			√
信息处理用现代汉语语义分类词典		√	√
"九零五工程"义类体系	√	√	

---

① 本书的评述是根据我们的研究视角和目的而言，不同的研究目的适用不同的方法，这里主要是对方法进行评述。

续表

义类体系	词义特征方法	词义组合特征方法	语义场和领域特征方法
简明汉语义类词典			√
现代汉语分类词典（董）			√
现代汉语分类词典（苏）			√
现代汉语语义词典		√	
形容词分类词典	√		√
现代汉语动词分类词典	√		√
B. Levin 的动词分类体系		√	
	5	5	8

根据表1，使用最多的是基于语义场和领域特征的分类方法，这说明了以下两个方面。

第一，基于语义场和领域特征的方法是最方便的方法。我们在第一章说过，词义研究要尽量把词义和词义的所指分开，要认识到这是两个不一样的东西，很多非词义分类的科学分类体系，由于是对他们的研究对象，也就是词义的所指直接分类，所以使得这种方法看起来直接、简便，也比较容易快速建立义类体系。但这种方法的弊端我们之前也提到过，所以如果要建立一个与之前不同的义类体系，我们必须避免把这种方法作为主要的分类方法。

第二，基于词义组合特征和词义特征的方法需要在建类之前对词义进行系统的研究，需要定义支持分类的词义特征，并对词义特征进行理论解释，克服歧义，所以成本较高，而且用这两种方法建立的义类体系并不直观，需要对体系本身有一定的了解。但是如果有了好的分类特征，这两种方法的操作性会很强，从自动标注的角度来说，可以把词义特征和组合特征拿来直接作为自动标注的特征。

但是，需要注意到的是，上述介绍的13个义类体系，大多没有对体系中的义类进行定义（除了B. Levin的动词分类体系），所以我们并不明白这些义类体系为何要设置那些义类，虽然说有些义类的设置是不言自明的（如"人""动物""心理活动"等），但是随着义类体系向底层延伸和词表标注的需要，没有定义的义类是很难控制子类划分的数量和质量，并且在标注时会由于缺乏操作性而导致严重的标注不一致。

需要指出的是，以上参考的这些词义知识库，它们的目的不同，研究的角度不同，发挥的作用不同，上文所述这些词义知识库所谓的问题和缺点，完全是从本书研究的角度出发，我们试图从前人的工作中吸取尽可能多的经验和教训，以用于义类体系的建立。

第二节 语义标注

义类是语义知识的一种，义类标注是一种语义标注[1]，如果只在标注内容上不同，那么从技术上来说则是没有太大区别的（Eleni Miltsakaki & Livio Robaldo et al., 2008; Yunfang Wu & Peng Jin et al., 2006）。

最常见的语义标注是义项标注，它的前提是有一部词典，任务是为当前词语选择一个适合它的词义，单义词只需要去查词典就可以了，它的难点在于对多义词的处理，多义词在不同上下文中的词义是不同的，义项标注的本质问题是词义消歧（word sense disambiguation, WSD）的问题，另外，对于一个词典中没有的新词即未登录词，义项标注是无能为力的。

义类标注的任务是从义类集中选择一个义类标记分配给当前词，它的问题也是消歧，只不过这个歧义并非来自一部词典学家规定好的词典，而是来自标记集。不过，与义项标注相比，义类标注没有未登录词的问题，它是一个纯粹的分类问题。

词义消歧从本质上来说也是分类问题：从候选义项中选择某个义项分配给当前词，这一义项可以看作对于词的分类。从这个角度来看，义类标注和义项标注都是分类问题，在技术上，义类标注可以借鉴词义消歧的做法。

需要说明的是，使用词义消歧的技术来对多义类词进行消歧实验，一方面是为了对语料库进行义类标注，另一方面是检验建立好的义类体系是否真正适用于语料库标注：如果义类体系适用于语料库标注，那么它的自动消歧结果就不应该太差。义类标注和义项标注同属语义标注，词义消歧只是我们在义类标注中使用的方法，并不牵涉对词语多义项的消解问题。

词义消歧有三种方法论：基于知识的词义消歧、基于语料库的有监督

---

[1] 本节内容参考自：*Word Sense Disambiguation: Algorithms and Applications*, ed. by Agirre Eneko and Philip Edmonds, Springer, 2006。

消歧和基于语料库的无监督消歧。

一 基于知识的词义消歧

基于知识的词义消歧（knowledge-based methods）使用语言学知识对词义消歧，是基于规则的方法。主要有这样几种知识被使用。

词典释义。如机读词典，依靠词典的释义和目标词上下文的关系数据来消歧。其中较为典型的有 Lesk 算法，计算目标词上下文与词典各义项定义中的重合词数量，重合词数量最大的义项被认为是当前词的义项。Lesk（1986）用该方法在一个人工标注义项的语料库上取得了 50%—70% 的准确率；Stevenson & Wilks（2001）取得了 65.2% 的准确率；Kilgarriff & Rosenzweig（2000）在 Senseval 1 数据上取得了 69.1% 的准确率（最好成绩是 78.1%）。

语义相似度（semantic similarity）。依靠计算目标词各义项和上下文词义的相似度来消歧，最相似的义项被认为是目标词当前义项。对相似度的计算要依赖一个词义网络或义类词典，（对于英语）WordNet 几乎是唯一可用的资源，大部分文献都使用 WordNet 来计算语义相似度（Resnik，1995；Leacock et al.，1998；Hirst & St-Onge，1998；Mihalcea & Moldovan，1999）。Miller et al.（1994）在 Semcor 数据上取得了 66.4% 的准确率和 88.6% 的召回率；Okumura & Honda（1994）用一个日语义类词典取得了 63.4% 的准确率；Mihalcea（2005）在 Senseval 2 的数据上取得了 55.2% 的准确率（相对于 baseline 准确率 48.7%）。

选择限制（selectional preferences）。选择限制是在既定关系（如动宾关系、偏正关系）下的词义间的相互限制，如"吃"在动宾关系中处于动词位置时，需要宾语位置上是"食物"等表示"可食用"概念的词义。选择限制知识的获取一般需要机读词典、义类词典、词义网络和至少被浅层句法分析的词义标注语料库的支持。选择限制也分三种类型：词—词限制，词—义类限制，义类—义类限制。Agirre & Martinez（2001）在对 8 个多义名词的消歧实验中，用"词—词限制"取得了 95.9% 的正确率和 26% 的召回率，用"词—义类限制"取得了 66.9% 的正确率和 86.7% 的召回率，用"义类—义类限制"取得了 66.6% 的正确率和 97.3% 的召回率。既往研究也曾尝试在不使用其他资源的情况下从未标注词义的语料库中获取选择限制知识，但正确率和召回率都较低，如 McCathy & Carroll

(2003) 在 Senseval 2 数据上取得了 52.3%的正确率（相对于 baseline 的 57%）和 20%的召回率，说明了取得选择限制知识的重要性。

启发性知识（heuristic knowledge）。启发性知识是通过对大量语料观察直接得到的规则性语言学知识，如最高频义项，一个搭配一个义项，一个语境一个义项，启发性知识不能取得很好的效果，但是简单直接，一般用作系统评测的基准（baseline）数据。

基于知识的方法在效率上低于基于语料库的方法，但是它的优点是明显的：它可以处理所有的词，而基于语料库的方法只能处理那些在语料库中出现过的词。肖航（2008）利用词类标记、读音、搭配、常用义标注等方法，在"华文教材语料库"的小学和初中部分取得了很好的标注效果，论证了虽然多义词由于义项分立没有明确的规则而使义项间区分特征不够明显，但是利用真实语料库中的各类词汇信息，可以有效降低词义消歧的难度，这对提高词义消歧的效率和结果有着很大的帮助。

二 基于语料库的有监督消歧

基于语料库的有监督消歧的方法（supervised corpus-based methods）把消歧看作分类问题，主要应用统计机器学习方法来进行分类，影响该方法的因素有三个：训练语料库、机读词典、特征。

训练语料库：这个方法需要语义标注的语料库作为训练语料，训练语料提供了 n 条训练数据，每条训练数据包含若干个分类特征和一个分类结果（义项），统计机器学习算法则根据这些训练数据得到一个分类函数，这个函数是分类特征映射到分类结果的方法，然后系统用这个函数在测试语料中进行消歧。

机读词典：机读词典提供了词义义项，也是评测 WSD 系统的答案。

特征：训练语料库的训练数据是由"特征"组成的，这是使用机器学习算法的前提，"特征"是标注在语料库中的各种信息，对"特征"的选择和表示会影响学习算法的选择和效率，比如决策树模型无法有效处理多值特征。

学习算法是有监督消歧方法的核心，目前常用的有这几种学习方法：简单贝叶斯模型（Naïve Bayes）、k 邻近法（KNN）、决策表（Decision List）、决策树（Decision Tree）、自适应增强（AdaBoost）、支撑向量机（Support Vector Machine，一种非线性分类器）。表 2 是 Ng（1996）在

DSO数据上对这些算法测试的结果，结果显示的准确率如表2所示：

表2　　　　　　各学习算法在DSO数据上的准确率　　　　单位:%

	NB	KNN	DT	AdaBoost	SVM
Nouns	62.29	63.17	61.79	66	66.80
Verbs	60.18	64.37	60.52	66.91	67.54
ALL	61.55	63.59	61.34	66.32	67.06

可以看到，这些方法的差距并不是特别大，最好的SVM也只是比最差的NB高了不到5个百分点的准确率。该方法把统计机器学习引入WSD研究中，取得了很好的效果，在Senseval 3竞赛中，有20个系统参加了英文全词任务（all-words task）的评测，成绩排名前9的都是基于有监督方法的系统。

由于有监督的方法依赖于词义标注的语料库，所以制约该方法发展的根本问题在于训练数据：有了更多、更好的语义标注数据，系统的效率才会改善。但问题是好的语义标注语料库是不可多得的。

三　基于语料库的无监督消歧

基于知识的消歧和有监督的消歧都依赖各种语言知识资源：词典、义类、词义标注语料库等。构造这些知识资源都费时费力，而且在建造过程中各种不可预期的错误会对系统造成伤害。无监督（Unsupervised corpus-based methods）的消歧旨在不依赖人工建造的语言知识资源，而仅仅通过分析目标词的上下文语料以达到消歧的目的。那些依靠很少的人造语言资源的消歧方法也被认为是一种无监督的方法。无监督的消歧主要有两种方法：分布特征法和双语翻译法。

分布特征法（distributional methods, e.g., Harris, 1968; Miller & Charles, 1991）。在消歧之前，分布特征法对词义的数量并不作出预期，换言之，预设并不知道词是否有歧义，或者有几个义项。词的词义在系统对词的上下文分析中得到，如果词有不同的分布特征，则词有歧义，而具有相同分布特征的词具有相同的义项。这个方法基本分为两个步骤：第一步，分析目标词的上下文特征，一个上下文特征是一个特征集（feature cluster），一个词有几个特征集就被分为几个词义；第二，给词的特征集标记注释。消歧过程就是看目标词的当前上下文特征集和哪个特征集相似（已有义项），或者是一个新的特征集（新的义项）。有趣的是，这个观点正符合词典学家理想中定义一个词的词义的方法，也符合训诂学所提倡的"随文释义"的原则，他们都提倡分析词所在具体语境的特征，然后根据特征的不同来定义词义。虽然分布特征法和词典学家的想法不谋而合，但从计算的角度来看，基于分布特征法的消歧算法不需要大量人工建立的语言资源是容易被实现的。由于它独立于语言，可以不用关心词语的语言学特征，所以有较强的鲁棒性。从消歧策略上来说，基于知识且有监督的消歧是对词义做分类（classify），而分布特征法是对词义做聚类（clustering），分类和聚类都是要把对象分成若干类别，但是分类和聚类是不同的概念。分类的前提是既定的若干类别，然后把对象放入这些预设的类中，分类首先要对对象作分析，决定使用哪些特征作为分类特征，然后要人工标注一些对象，作为训练数据，算法通过学习训练数据对对象训练出分类模型，最后使用模型对新的对象进行分类。自动分类由于需要训练数据，所以是一种有监督的分类。聚类的前提是不知道对象会被分为几个类别，它需要在语料库中对每个对象提取聚类特征，根据这些特征计算对象的相似度，相似度在设定阈值之上的对象被划为一类，聚类结果会因为选择的特征不同和设定的阈值不同而改变，自动聚类不需要训练数据，所以是一种无监督的分类。陈小荷（1998）提出用自动聚类的方法构建词义分类体系，以克服词义本体分析为构建义类体系带来的困难。聚类可以在不对对象进行分析的前提下工作，相比分类来说不需要做很多的准备工作，也不需要对对象有非常深入的研究，但是聚类的效果依赖数据库，是一种应用驱动型的方法，而我们是对词义这个分类对象进行研究，所以自动分类的方法更适用。从另一个方面来说，当对对象本体的研究无法很好支持工程需求的时候，聚类方法是一种妥协的做法，因为它不需要本体研究的支持，而自动分类的方法则要求在工程应用的需求下对对象本体进行一定的研究，而如果通过聚类结果对对象进行本体研究，则转向了分类的方法。分布特征法实际上把消歧问题转化为特征集提取问题，由于它不依赖于一部现有词典，所以对它的评测很困难：我们并不知道它提取的那些特征集是否就是真正的词义。

双语翻译法（translational equivalence）。双语翻译法基于这样一个事实：在 A 语言中是歧义的词，翻译成 B 语言时，则是两个不同的词。如汉语的"花",其中一个义项是"植物",一个义项是"花费",翻译成英文则分别是"flower"和"spend",在日文中则分别是"花"和"費やす"。这个方法要基于一个双语对齐的语料库,在双语对齐的语料库中,目标语言中的词是按照源语言中的词义翻译的,如名词植物义"花"和英文语料库中的"flower"对齐,而动词花费义的"花"和"spend"对齐,这样,对中文词"花"的消歧就很简单了。Chklovski et al.(2004)用一个英语—印地语的对齐语料库对41个英语词进行消歧,结果得到了65%的正确率,与基于语义标注的有监督的消歧法相比并不差。该方法虽然不需要人工建立的语言知识资源,但是它完全依赖于双语对齐的语料库,而双语语料库的对齐本身就是一个极具挑战性的工作,而且建立这样的语料库同样是很费时费力的,并且要求对两种语言都有一定的研究。

四 词义消歧方法的总结

词义消歧的方法根据所需资源(词典、知识库、语料等)和具体手段(规则和统计)有所区别。对于现有的各种方法,我们不能简单评价孰优孰劣:基于语料库的有监督的方法效率最高,对资源的依赖也最强。表3对本章第二节中回顾的词义消歧方法从基本思想、所需资源和效果方面进行的比较。

表3　　　　　　　　各种词义消歧方法的比较

方法	基本思想	所需资源	效率
基于知识的方法			
词典释义	目标词上下文和词典释义会有一定重叠	机读词典	69.1%(Senseval 1)
语义相似度	目标词词义和上下文词的词义有一定联系	语义网络、义类词典	55.2%(Senseval 2)
选择限制	处于句法关系中的词义有限制关系	语义网络、机读词典、语义标注语料库、句法分析	52.3%(Senseval 2)
启发性知识	某些公理性语言学知识		效果不好,一般作为评测的基准数据
基于语料库的有监督的方法			
NB、DL、DT、SVM等	基于统计的机器学习思想	机读词典、语义网络、句法分析、语义标注语料库	效果依赖于所用的语言资源
基于语料库的无监督的方法			
分布特征法	具有相似上下文的词,词义相同,聚类思想		

续表

方法	基本思想	所需资源	效率
双语翻译法	源语言中的歧义词在目标语言中被翻译为不同的词	双语对齐语料库	

首先，无监督的方法不适用于我们的研究。分布特征法是一种聚类的方法，自动聚类是基于统计机器学习的方法，自有其优点，但是并不适用于本书的研究。从理论上来说，自动聚类技术在理论上假设对聚类对象一无所知，它不是（也不可能）根据词义本身的语言学特征（语法、语义等）对词义进行分类，它是利用词义的分布特征进行分类，虽然分布特征所用的数据都是来自语料库的语言数据，但这只是一些最简单和显而易见的线性特征，如词类序列、特殊词、词形和词类标记的转移概率等。所以在本质上，自动聚类不是语言学的分类，而是工程性的实用分类，自动聚类的结果在语言学上往往没有很强的说服力，所以我们也不能使用自动聚类得到的数据来对义类进行描述。从实际操作上来看，自动聚类的效果取决于语料库的品质，如语料库的加工深度和精度、语料库的平衡性、语料库的规模等。而本研究则要求先有一个符合一定语言学理论的义类体系，我们的问题是一个分类问题而不是聚类问题。双语翻译法需要一个双语对齐语料库，这是我们没有的资源，况且建立双语对齐语料库本身也是一个具有挑战性的研究问题。

其次，有监督的方法已经在自然语言处理领域取得了巨大的成功并占据了主流的位置，但我们无法依赖它，因为从所需资源来看，我们并不具有使用这个方法所需要的所有资源；从基本思想来看，有监督的方法并没有解决"语言如何适应计算"这个问题，它只是在占有很多资源的前提下提高消歧的正确率，而我们的工作则是为自然语言处理提供计算资源，我们并不能期望其他的研究领域（句法分析、语义网络）给我们提供足够的资源；从工作的流程来看，使用这一方法必须要有训练数据，所以在没有训练数据的情况下，是无法使用这一方法的。但是有监督的方法对我们的研究有两方面的作用：一方面它可以测试义类体系是否可以有效地标注词表，可以帮助我们修改义类体系；另一方面，有监督方法中的大部分算法，可以只依赖训练语料，只要有一些人工标注的训练语料，我们就可以应用该方法，如果义类体系（哪怕只是部分义类）可以有效标注词表，词表就可以快速扩张，新标注的词表可以作为新的训练语料。所以，当义类体系初步建立和人工标注了一些训练数据之后，我们可以使用有监督的方法进行研究，否则无法使用这一方法。

基于知识的方法是研究者基于对语言的认识，找出语言中某些适合计算的性质特点，从而发展出来的方法，这个基本思想符合我们的想法：通过寻找词义中可以被计算的性质，建立义类体系，并且利用这些性质达到自动标注的目的。但它的方法并不完全适用于我们的研究，因为它依赖于很多外部资源。

第三节　理论框架和研究方法

本书的第一个研究问题是如何定义义类。义类的定义是该义类的原型，是判断词义义类的框架和依据，我们可以在义类定义的框架下进行词义的义类标注。

第二个研究问题是语料库自动标注。根据上文对自动标注技术的回顾，在只有训练语料的前提下，我们可以用基于语料库的有监督的方法，也就是统计机器学习的方法，进行词表的自动标注实验。统计机器学习的核心问题是选择分类特征。所以对于第二个研究目标来说，我们面临为机器学习算法选择分类特征的问题。

义类的定义内含了能够把义类进行相互区分的特征，这样的特征既是定义义类所必需的，也可以作为义类标注的特征。所以，研究问题就自然归结到一个问题上去：如何选择分类特征？

特征选择有两点需要考虑：一是特征选择的范围，二是特征的表现形式。特征有很多，从自动标注的需求出发，我们需要发现能够被表示出来的特征，也就是能从语料库中抽取到的数据化特征。

词义特征选择的范围。词义是词形和外部世界的概念映射的结果。词义是一个语言学单位，有着语言学特征，如语音特征以及和其他词义的组合关系特征；同时词义也可以被看作它所指称的对象，有着语言学以外的特征，如词义"鱼"，可以想象一些具体的鱼，我们可以认为词义"鱼"有具体鱼的特征：有鳞，用鳃呼吸，水中生活，卵生，靠尾鳍和胸鳍运动，等等。所以词义的特征至少有两个范围，即语言学特征和世界知识特征。这两个范围的特征不是相互隔绝的，语言学特征来自世界知识特征，但并非所有的世界知识特征都可以反映到语言学特征上去。很多学科都对它们的研究对象进行分类，在学术领域以外，人们也经常对事物进行分类。比如，生物学对昆虫或者海洋生物的分类，历史学对历史事件的分类，解梦网站对做梦内容的分类，等等，所有的这些分类以词语的形式被记录下来，看上去就是对词语分类的结果。但是，这些分类不是词义分类。昆虫的分类体系是对昆虫（生物学的研究对象）的分类，它是依据昆虫的特征（各种生物特征，如眼睛结构、腿的数量等）进行分类的结果，这样的分类体系虽然用词语记录下来，但是本质上和词的分类是没有关系的，不能被看作词义分类。所以，我们要十分清楚地知道，义类体系是对词义的分类体系，在义类体系中，分类的对象是词义，我们要根据词义的特征进行分类，而不是根据词义的所指进行分类（虽然很多时候区分二者有点困难）。我们所要抽取的分类特征是词义的语言学特征，而不是其他特征。

词义特征的形式。词义特征的形式有三种：一种是在语言形式中能够表现出来的特征，一种是通过分析上下文得到的特征，一种是通过分析词义所指对象得到的特征。第一种主要是语言学特征，后两种主要是世界知识特征。语言学特征是在语料中显性表现出来的特征，如语音、词类标记、句法依存关系等，当然前提是特征已被标注在语料中；世界知识特征可能无法显性地在语料中显示出来，如上例的词义"鱼"，它的世界知识特征被包含在这个符号中，这个词义所指称的对象的生物学特征无法从语料中显示出来，如果我们要使这些特征能够从语料中显示出来，就必须把这些信息都标注到语料中去，这就完全是另外一个问题了，即使是词义标注也无法使这些特征直接从语料库中显示，除非词义标注语料库和另一个有关"鱼"的生物学特征的知识库相连。相对于世界知识特征，语言学特征的范围固定，并且易于划定范畴：语音、构词、句法、语义等；而世界知识特征似乎没有界限，因为世界知识特征是关于词义指称对象本身的特征，这牵涉人类对于世界认识的问题，极端说来，随着人类对某一对象的认识不断加深，关于这个对象的新特征会不断出现，并且特征的范畴也是多样的，很难概括全面。所以说，对词义进行世界知识特征的分析是很难全面进行的。

义类是词义的语言学分类，我们要在自动分类的框架下构建一个可以用作义类标注的义类体系，这个义类体系的分类特征一定可以在语料库中显性表现出来的，并且可以作为训练数据被抽取出来的。这样看来，语言学特征适合作为义类的分类特征来定义义类。

从这个观点出发，我们再次回顾一下 WordNet、FrameNet 和 HowNet，看它们为何不能被用作义类标注。WordNet 和词林那样的方法之所以不可取，是因为它们没有区分词义和词义的所指，所以在对词义分类的时候，没有规定分类特征的范围和范畴，分类特征几乎是随意性的定义，而一般的研究者也不能看出它们对词义分类的依据是什么。事实上，如果事先不对特征选取范围进行限定，会造成分类特征选取的任意性，用这样的义类体系去标注语料库，会导致标注的不一致和词表维护的困难。

HowNet 和 FrameNet 都意识到要规定特征集的重要性。HowNet 用一个特征集——义原，来进行词义的描写和分类，但是义原的定义和如何用义原描写词义，还是未能说清楚。HowNet 以描写百科知识为目标，存在语言学知识和百科知识不分的问题。FrameNet 也是意在描写超出词义之外的知识，所以对语义角色的定义始终不清，直至现在也无法给出一个完整的语义角色清单。

一　前提理论

分布性假设、选择限制理论和词义组合理论，是本书研究方法所依据的三个理论，本书的研究方法是基于这三个理论提出的。当然，这三个理论在本章和第一章中已经有所提及。我们在这三个假设的基础上研究如何选择分类特征的问题。

（一）分布性假设（distributional hypothesis）

分布性假设认为，人类理解语言的时候不是孤立地去理解每个单词的意义，而是在一定的语境中去理解。"分布"的意思是说，具有某种相同性质的语言单位以一定的模式出现，在语料库中表现为一定的条件概率。Aslin & Newport（1996）在实验中证明了当婴儿听到语音流的时候，会对简单的条件概率敏感，这些条件概率使得婴儿能够把语音流切分成单词。Chater & Finch（1998）证明了孩子在学习句法知识的时候也受到这种分布概率的积极影响。分布性假设在自然语言处理中得到很多应用，例如自动分类技术将对象分入与训练数据中特征最相似的对象所在的类中，就可以被视为是基于分布性假设的，可见分布性假设在自然语言处理中已得到不同程度的验证。

基于这个假设，我们可以认为，词义会在语言的使用中体现出来，也就是通过语言学特征体现出来，所以，具有类似语言学特征的词义，将更倾向于属于同一个义类，也就是说，如果我们能够对词义的语言学特征建模，那么定义义类和建立义类体系的问题就转化为对义类特征的描述以及计算特征相似度的问题。

（二）选择限制理论（selectional restrictions）

选择限制又被称作语义倾向（semantic preferences），指的是在一个句法结构中词义间的相容和限制关系，如动词"喝"的宾语应该是"液体"，"思考"的动作发出者应该是"具有思维能力的人"，Chomsky（1965）描述了这个理论。选择限制理论对语言学和自然语言处理研究，如句法分析、词义消歧、论元研究等方面，作出了很多贡献。对于动词和论元之间的语义限制的讨论是选择限制研究中数量最多的，但是名词和名词、形容词和名词间也存在着选择限制。其实词义和词义的选择限制也是词义的分布特征，是分布性假设在词义搭配方面的实现。

基于这个理论，我们可以假设同一义类的词义具有相同的选择限制，这一理论为我们提供了一项有效的词义分类特征。

（三）词义组合理论

词义组合理论[①]的基本观点认为，研究者不能撇开语法结构来研究词汇（Lyons，1977），因为词义在具体的使用环境中会发生变化，某些有着严格搭配的词汇更是只能在搭配环境下才有意义。Fillmore 的框架语义学认为词义是与人的认知过程联系在一起的。在汉语研究中，传统训诂学在词义的研究中使用"随文释义"的方法，这种方法要求研究者把词义放在具体的使用环境中去考察。符淮青（1985，1996）对现代汉语词义的组合分析做了一系列的研究；张志毅、张庆云（1994，2001）从组合系统、组合类型和组合制约的角度，对义位进行研究；王惠（2004）根据词义的语法组合限制和语义组合限制，对现代汉语名词词义的组合特征做了系统性研究，将其研究成果应用在词典编纂（王惠等，2003）和词义消歧应用中（王惠，2002）。

在构词层面上，英语的构词主要是通过词形的屈折变化和加缀等方式完成的，而汉语几乎没有词形变化，词缀也很少，其构词主要是通过字来

---

① 本小节对组合理论的回顾和描述参考自王惠《现代汉语名词词义组合分析》，北京大学出版社 2004 年版。

组词，这里的字其实是语素。从实际操作的角度来看，虽然把字作为汉语的基本单位存在很大争议，但是不可忽视的是，大部分的字是音义结合的单位，并且可以独立运用，完全无意义的单字很少。字作为语素组合成词的情况在现代汉语里面很多，而且汉语的构词法和词组结构是一样的，这给分析汉语词义和义类带来了便利：首先，词义可以通过语素义（部分地）得到；其次，构词的语素有中心语素和非中心语素，有相同中心语素的词很可能属于同一义类。

在句法层面上，各个词义出现在各种句法结构以及不同位置的可能性是不同的。一般来说，一个词义不可能出现在所有的句法结构中的任意句法位置，根据分布性假设，词义的句法功能受到词义的影响，词义内容会（部分地）反映在词义的句法功能上。所以，可以通过词义的句法分布来对词义进行分类，Levin（1993）的动词分类就是很好的例子。

在语义层面上，指的是词义的论元结构/语义角色和语义的选择限制两个类型的组合关系。词义的论元结构/语义角色兼顾了句法功能和语义关系，语义选择限制是词义和词义相互约束和限制的特征，能够体现词义之间比较细微的差别。选择限制在自然语言处理和基于人工智能的知识表示中有很多应用，比如用列表方式表示谓词的论元语义特征（P. Saint-Dizier & Viegas，1998）。柏晓鹏、林进展（2007）提出了基于动词论元语义特征的方法以研究汉语动词义类，这一方法就是把这两类语义组合关系结合在一起对动词进行分类的。

二 研究方法

在建立义类体系阶段，我们的研究方法如下。

1. 从词义组合的角度，通过在语料库中考察词义的三种组合特征，即句法功能特征、论元结构/语义角色特征和语义选择限制特征，对义类进行区分和描写。根据这三种特征在语料中获得的难易程度来看，句法功能特征在学界争议最少，最易从语料中获取，并且是一个可规定数目的封闭集合；语义选择限制没有学界公认的列表，很难从语料中获取；论元结构/语义角色特征介于二者之间。这三类组合特征构成了定义义类的框架，它们的功能在对义类的定义中是呈一体的：句法功能为论元结构/语义角色和语义选择性限制提供了句法位置依据，保证了对后二者的讨论限制在有限的范围内；论元结构/语义角色为所有可构成句法关系的动名词提供了有限的语义特征；语义选择性限制为所有的有句法关系的词义提供了语义限制。

2. 用可描述、可观察的特征作为义类定义的特征，以确保义类的可操作性。义类的定义特征是一种可描述且可从语料库中观察到的特征，我们将对三种组合特征作一些限制，尽可能地把描述义类定义的特征限制在一个集合里面，以确保义类定义和标注的可操作性。表4为定义和标准义类的三种分类特征。

表4　　　　　　　　定义和标注义类的三种分类特征

特征	描述	理论背景	获取途径
句法表现特征	词在句法关系中的句法功能	组合理论、分布性假设	从经过句法分析的语料库中获取
论元结构/语义角色特征	词在句法关系中的论元结构/语义角色特征	组合理论、分布性假设	从经过句法分析的语料库中获取
句法约束下的语义组合特征	词义在句法关系中和其他词义间的搭配倾向	组合理论、分布性假设、选择限制理论	从标注了语义信息，经过句法分析的语料库中获取

在义类标注阶段，我们的方法如下。

1. 根据义类的定义进行人工标注。在人工标注阶段，我们结合语料库的例句和语感，根据词义可观察到的特征，以义类定义作为分类依据，给词义标注义类。这样做的目的在于两方面：一是为了体现义类的可操作性，二是为了检验义类定义的准确性。在实际人工标注的过程中，我们也多次根据标注中的实际问题对义类体系和定义作出调整，得到最终的义类体系。

2. 基于机器学习的有监督的消歧方法。对于多义类词，我们使用基于机器学习的有监督的消歧方法，对这部分词进行消歧实验。通过这个方法我们希望能够检验我们的义类体系是否具有足够的区分度：如果区分度足够，那么消歧的正确率应该比较高。

第三章

汉语词汇义类体系的
定义（上）：名词部分

第三章和第四章讨论汉语名词、动词和形容词义类的定义方法，以及义类详解。首先我们给出定义义类的基本框架，然后根据这个框架具体讨论如何对名词、动词和形容词进行义类划分，并分别给出具体的义类及定义。第三章是名词义类体系，第四章是动词和形容词义类体系，把动词、形容词和名词分开的原因是因为名词义类数量和成员词数量大于动词、形容词义类和成员词数量的总和。

第一节　汉语词汇义类的特征

在目前可见的词汇语义分类系统中，绝大部分没有说明应该用什么方法对语言中的词汇进行分类的问题，也没有对系统中的每一个具体义类进行定义。这个情况给词义的语料库标注带来很大的负面影响，其根本问题在于，当我们使用一套没有定义的词义分类系统进行语料库标注的时候，将发生严重的不一致问题。

这种不一致体现在两个方面。一方面，无定义的义类系统无法给多义类的词提供消歧线索，那么在人工校对的时候就会出现不一致，因为校对者缺少可依靠的分类标准，在面对多义类词的时候不得不凭借自己对义类的理解进行操作。由此考虑到疲劳等生理因素对校对者的影响，同一个校对者往往不能保证对一个词的判断能够始终保持一致；与此同时，考虑到每个校对者对义类的理解都不尽相同，那么不同校对者之间也会出现不一致的情况。以上情况所造成的不一致会大大降低语料库建设的效率和质量。另一方面，无定义的义类体系无法给新词标注提供标注线索，新词的标注就只能依靠人的语感或者完全依赖机器学习的方法,使得该义类体系难以用于不同语料库的标注,造成义类体系移植性差以及不易于维护的问题。

我们的目的是构造一个适用于语料库标注的义类体系,所以这个义类体系应该克服以上的两个问题,解决方法就是对整个义类体系进行定义,给出每个义类标记的区别特征。就构建义类体系而言,我们当然希望划分的义类越细致越好,这样可以提供更加丰富和准确的词义信息,但是考虑到我们的目标,建立义类体系就要受到义类分类特征的约束,即,应该在有足够分类特征的基础上争取更加细致的分类,反之,如果不能描述出令人信服的分类特征,那么义类体系还是从宽。起先,我们考虑对现有的某个词义体系进行改造,但是在对词表的标注实践过程中,我们发现这个方法是不可行的。一方面,现有的义类体系没有定义义类,设计者没有说明设置义类的理由及其区分不同义类的分类特征;另一方面,现有义类体系在划分义类的时候没有明确的划分原则,几种划分义类的方法往往是混合使用。这恰恰是需要解决的问题,由此,我们重新设计了符合语料库标注需要的义类体系,描写义类的区别性特征,使得义类之间互相区分。我们认为,不同义类(表达不同概念)的词,在构词、句法、语义组合特征上会表现出不同的特征,而同一义类的词,在这些方面会有相同的表现。在这个前提之下,我们才可能对义类进行定义并且实现语料库标注。

在构建体系之前,我们必须确定一个义类的定义要包含哪些信息,我们的设计原则是:义类体系中的每个义类都有与其他义类相区别的特征。结合我们建立义类体系的目的——语料库标注,以及现有的构建义类体系的方法现状,我们对义类的定义包含了以下几个方面的特征。

句法功能组合特征:词在特定短语结构中的句法能力,如是否可以在主谓结构中充当主语,是否可以在偏正结构中充当定语。一般构成短语的词是两个且在位置上是相邻的,我们把考察范围限定在短语而不扩大到句子,这样就可以不完全依赖于语料库,在数据稀疏的情况下通过内省就能得到词的分类特征,能够通过这种特征区分的,就不用其他特征。词的句法特征易于获得,因而被视为一种比较好用的工具,但是它有一个问题,从本质上来说,根据句法特征对词汇的分类得到的是词汇的语法分类,即我们常说的"词类",所以我们还得引进其他的分类特征。

论元结构/语义角色特征:所谓论元结构,对于名词来说,考察其能够担当的语义角色；对于动词来说，考察其能够辖制的语义角色的数量和类型。语义角色用有限的词义标记对词义进行描述，是一个有效的分类工具，但是语义角色的数量和限制一直没有一个公认的结果，而且根据我们的实际操作经验，形容词的语义角色特征并不明显，因而这个特征主要适用于名词和动词分类，对形容词分类的作用很小。表5是我们采用的进入义类定义框架的语义角色。

表5　　　　　　　　　义类定义框架中的语义角色

语义角色	定义	例子
主体	运动的经历者，不能主动控制运动的过程	我生病；树倒了
施事	运动的发出者，主动控制运动，实施某种行为动作	我开车；大鱼吃小鱼
受事	运动的承受者，由于所承受的动作行为导致自身运动或状态的改变。一般来说，这里的动作行为一般是指具有具体形式的运动方式	我开车；大鱼吃小鱼
与事	动作行为的被影响者，不是受事，却受到其影响，其自身运动或状态不一定会被改变	送他一本书
对象	被动承受运动的作用，但不是接触性作用。对象是有形的事物，而运动是无形的	送他一本书
结果	运动产生的结果	喷出烟雾；生产武器
内容	有内容的具体或抽象事物。运动作用的对象是内容，而非承载内容的载体	读书
工具	动作行为的工具	鞭打；吃大碗
时间	运动发生的时间	早间报道
处所	运动所指向的地点、处所	回家

　　语义选择限制特征：词在特定短语结构中，对结构中另一位置上的词义要求，被称为语义选择限制。如表人的名词在主谓关系中的主语位置上，其谓语动词可以是表心理活动的动词，而表动物的名词在同样的位置上，其谓语动词却不能是表心理活动的动词。语义选择限制是比较细的语义特征，它能够体现词义间的细微差别，如果能把每个词的语义选择限制都描述出来，这个特征是最好的特征，但是我们现在并没有一个合适的标记集来描述这个特征，所以这个特征很难使用。

　　在实际操作中，我们发现有些词，尤其是具有较强领域性的词，如名词义类中的"1.1.2.5微生物"类，虽然在词义上和其他义类的词有明显区别，但由于其句法表现单一，无法找到足够的分类标准，因而在归类上带来困难。所以有时候我们也无法完全按照上面提出的分类方法对词表进行标注。我们采取的是"兼顾常识"的方法，对于一些已经被接受作为人类常识，但无法通过所采用的分类特征进行描述的词语，我们还是把它们划为一类，并作说明。

我们对义类标记定义的格式如下：

义类标记

定义：类似于词典中的释义

句法功能：描述该义类的句法功能特征

例句（可选）：×××××××

论元结构/语义角色：描述论元结构（动词）/语义角色（名词）特征

例句：（可选）×××××××

选择限制：描述与该类词有组合关系的词义

例句：（可选）×××××××

例词：词$_1$（义项号，词典释义（可选））、词$_2$（义项号，词典释义（可选））……词$_n$（义项号，词典释义（可选））

义类标记定义中的例句均来自中小学语文教材语料库，例词中的义项号和词典释义均来自商务印书馆出版的《现代汉语词典（第5版）》。

第二节　名词义类体系

名词义类体系现有4大类，97小类，最深处达到5层。

1 具体名词
——1.1 生物
———1.1.1 人
————1.1.1.1 身份
————1.1.1.2 关系
————1.1.1.3 超人
————1.1.1.4 其他
———1.1.2 动物
————1.1.2.1 兽
————1.1.2.2 鸟
————1.1.2.3 鱼
————1.1.2.4 昆虫
————1.1.2.5 微生物
———1.1.3 植物
————1.1.3.1 草木
————1.1.3.2 果实
———1.1.4 群体
————1.1.4.1 机构

———1.1.4.2 团体
———1.1.4.3 其他
——1.1.5 生物部分
———1.1.5.1 肢体
———1.1.5.2 器官
———1.1.5.3 其他
—1.2 非生物
——1.2.1 自然物
———1.2.1.1 基本物质
————1.2.1.1.1 固体
————1.2.1.1.2 液体
————1.2.1.1.3 气体
———1.2.1.2 能源
———1.2.1.3 天文
———1.2.1.4 地理
——1.2.2 人工物
———1.2.2.1 食物
———1.2.2.2 药物
———1.2.2.3 衣物
———1.2.2.4 材料
———1.2.2.5 工具
———1.2.2.6 标志物
———1.2.2.7 作品
———1.2.2.8 建筑物
———1.2.2.9 钱财
———1.2.2.10 其他
——1.2.3 废弃物
———1.2.3.1 生物废弃物
———1.2.3.2 非生物废弃物
———1.2.3.3 痕迹
——1.2.4 非生物部分
—1.3 统称

2 抽象名词
—2.1 属性
——2.1.1 数量属性
——2.1.2 物理属性
——2.1.3 生理属性
——2.1.4 心理属性
——2.1.5 社会属性
——2.1.6 内容属性
——2.1.7 事件属性
——2.1.8 动作行为属性
——2.1.9 时空属性
——2.1.10 其他属性
—2.2 现象
——2.2.1 自然现象
———2.2.1.1 光影
———2.2.1.2 声音
———2.2.1.3 其他
——2.2.2 社会现象
——2.2.3 生理现象
——2.2.4 心理现象
—2.3 符号
——2.3.1 具体符号
——2.3.2 抽象符号
—2.4 信息
——2.4.1 社会规范
——2.4.2 学科领域
——2.4.3 其他
—2.5 运动
——2.5.1 事件
——2.5.2 活动
—2.6 属性值
——2.6.1 数量值

——2.6.2 物理属性值　　　　——3 时间
——2.6.3 生理属性值　　　　——3.1 具体时间
——2.6.4 心理属性值　　　　——3.2 相对时间
——2.6.5 社会属性值　　　　——3.3 时间单位
——2.6.6 内容值　　　　　　——4 空间
——2.6.7 动作行为属性值　　——4.1 处所
——2.6.8 其他属性值　　　　——4.2 方位
——2.7 统称　　　　　　　　——4.3 空间单位

一　句法功能对于名词分类的作用

对于大部分名词义类来说，句法功能只是提供了一个框架，我们在句法功能框架中考察语义角色和选择限制特征并定义义类。对于少数义类，句法功能起到了决定性的作用，我们根据这个特征分出了"2 抽象名词"下的"2.1 属性"类，（Bai, X. P. & Wang, H., 2010）发现表"属性"义的名词词义在句法组合特征上区别于其他词义，可以通过"属性"名词的句法功能把该类和其他义类的名词区分开，虽然句法功能特征只对这一类有决定性的定义作用，但是"属性"类是一个很大的类，下分十个小类，成员词数量也很多，从这个角度看，句法功能特征在名词义类分类中的作用还是比较大的。

属性是对象通过某种方式表现出来的某种特征，是从不同的角度观察对象所得到的不同的关于对象的特征。如：从物理的角度去观察对象，就会有"重量""长度""面积"等属性；从数量角度去看，就会有"总数""总量"等属性；从时间的角度看，就会有"期限""归期"等属性。一个对象可能有很多属性。

对象指的是属性所依附的主体，也被称为"宿主"，是属性得以存在和表现的媒介，宿主可以是指称其他事物的名词。如"心理属性"是依附于人，通过人表现出来的一种特征，所以"心理属性"的对象是指人的名词。不同的宿主具有不同的属性，这是属性得以区分的一个重要标准，反之，当我们具备某种属性的知识后，也可以利用属性帮助确定其可能的宿主。某种属性可能依附于一类宿主，也有可能依附于多于一类的宿主，这一方面取决于属性对宿主的需求，即宿主是否具备属性所需要的客观条件，另一方面还取决于宿主的环境。无论属性所依附的宿主的种类数量多少，属性都无法脱离宿主而存在。

属性是表现出来的某些特征的总和，是一个抽象概念，不是指某种具体的特征。属性需要一个具体的内容来具体化，这个内容我们称之为"属性值"。"属性值"可以是一个词，也可以是一个比词大的句法单位，如词组或者小句。在人们得知"属性值"之前，人们只知道对象具有某种属性，而不能确定这种属性的具体内容，属性是什么样的。属性是抽象的，所以属性在被具体化之前无法说明、限制其他的事物。

综上，"属性"类名词的语义特征：属性是从某个角度观察、分析对象的结果；属性不是可以直接说明、限制其他事物的具体的特征，属性需要属性值进行具体化，这样才能表示完整信息；属性通过某种形式表现出来。

从属性名词的语义特征可以看出，由于属性名词词义是从某种角度对一个完整对象观察的结果，那么这种名词必然无法表达一个完整信息，它需要被具体化后才能表达完整信息，执行主语的句法功能，所以属性名词需要其他的修饰限制成分共同组成复杂主语。属性名词表达的概念本身无法独立存在，它需要依附于一个对象才能提供相对完整的信息，所以我们可以根据属性的这个特征推测指称属性的名词，即属性类名词。属性类名词在语言使用中不可以独立出现，因为一个孤立的属性名词会引起一个问题：这个属性名词是指称什么的属性？我们一定可以在上下文中找到指称属性名词所依附对象的名词。综上可知以下结论。

属性类名词基本句法表现（1）：属性类名词不能在句子中单独做主语，需要和别的句法单位组成定中结构做主语。

同理，属性需要修饰、限制成分使信息完整，所以属性无法去修饰、限制其他名词，使得其他名词的信息具体化。由此我们得到，属性类名词基本句法表现（2）：属性名词不可独立去修饰、限制或说明中心语。

有了这两条句法规则，我们基本上能够把表"属性"义的名词和其他名词区分开来。

二 语义角色对于名词分类的作用

语义角色在名词分类中的作用是很大的，在分类之前，我们得把用于定义义类的名词语义角色的种类确定下来。语义角色的数量和类型是学界一直讨论的话题，这里我们仅选取几个不具争议性且最容易说清楚的语义角色作为定义名词义类的特征。

名词义类分为四个大类，这四大类的划分标准可以由词义充当的语义角色的不同来解释。

"1 具体名词"指称了现实世界中有具体形象的事物，如动物、人工物等，是有实际的物理特征的存在物，所以这类名词可以和表示行为动作这类具体有形的运动形式的动词组合，可以作为施事，也可以作为受事，如：

> 他挥手；狗咬人；弹钢琴；吃米饭；盖房子；数钱；拿票；耕田

"2 抽象名词"指称的是没有具体形象的、非实体的存在，如各种属性、概念等。所以这类名词鲜与表达具体行为动作的动词组合，大多与表示现象、活动等抽象运动形式的动词组合，难于作为施事和受事，大多只能作为主体和对象，如：

> 发生地震；看见彩虹；研究语言学；参加战争；镇压暴乱；干涉内政

"3 时间"主要是充当时间语义角色，"4 空间"充当处所语义角色。

从名词可充当语义角色的角度来分类，我们得到四个名词大类，当然，这个结果也与很多前人的划分是类似的，说明了基于语义角色的名词分类是符合人们语感的。

四大类下的某些子类的划分也使用了语义角色的标准，如"1 具体名词"下分为"1.1 生物"和"1.2 非生物"，其理由之一就是"1.1 生物"指称的对象是具有生命的物体，所以可以充当施事，而"1.2 非生物"则不可以。

从名词的"价"性考虑，即考察名词可带论元的情况，我们在"1.1 生物"和"1.2 非生物"下分设"1.1.5 生物部分"和"1.2.4 非生物部分"两类，因为它们都是一价名词，指称的是事物的部分，既然是事物的部分，在语言的使用中就应该指明是什么事物的部分，否则会带来理解上的困难。

三 语义选择限制对于名词分类的作用

对名词词义的选择限制的考察要放在具体的短语结构中进行，如上所述，名词词义要放在主谓结构中的主语和谓语、动宾结构中的宾语，以及定中结构中的定语和中心语这五个句法位置中来考察。当然，在具体操作时，并不是每次都要考虑到所有的句法位置，可以选择一个或几个来考察，在明确描述分类特征的前提下尽可能做到更加细致的分类。

由于我们现在并没有一个可用于描述语义选择限制的标记集可用，所以我们只能结合语感，使用一些很宽泛的概念。实际上，其他研究者在使用语义的选择限制做研究的时候，往往会拿一个现成的义类体系，从中选取一些符合各自研究目的的义类标记作为标记集。而我们是要建立一个义类体系，不可能把其他的义类体系当作建立义类体系的标准来参照。虽说通过语感来考察语义的选择限制是比较冒险的做法，但是我们可以选取那些很宽泛且容易被人接受的概念使用，这样可以部分抵消主观性可能带来的负面影响。

在实际操作中，我们发现语义的选择限制是起了很大作用的，尤其是在第二层、第三层划分子类的过程中。如"1.1 生物"类，可以根据名词在主谓结构中主语位置上时，谓语位置上的动词的性质来划分子类。根据动词是否是动作行为活动，可以分出"1.1.3 植物"，因为植物不可以去做动作，如"跑""跳"等，或者进行一些行为活动，如"写字""打架""爬山"等；根据动词是否可以表社会活动，可以分出"1.1.2 动物"，因为动物一般不会进行社会性活动，如"开会""座谈"；根据动词是否可以表动作，可以把"1.1.1 人"和"1.1.4 群体"分开，因为人可以做动作，但是群体不可以。事实上对"1.1 生物"的子类划分还不止这几个语义选择限制，这里仅为举例而已。

四 名词义类详解

义类定义的第一部分描述了该义类的意义，类似于词典中对词条的定义；第二部分根据本章第一节描述的定义特征对义类进行组合特征的描写，并列出一些例子说明这些组合特征，这些例子都出自语料库；最后会列出 100 个成员词，成员词数量不足 100 的义类则全部列出，但不是每个义类都有成员词，因为在我们的义类体系中，一般只有叶子节点才有成员词。

● 1 具体名词

● 1.1 生物

定义：指称有生命的事物的名词。表示抽象生物概念和泛指生物概念的名词，是该类的成员词语。

语义角色：施事，主体，与事，对象，受事。"1.1 生物"与"1.2 非生物"的区别在于前者可以作为施事，后者不可以。

（1）无论何时，如果一个学生敢于对一条教条式的说法提出异议，教授只需引用亚里士多德的一句话就可以结束争论。

（1）中"学生"是动词"提出"的施事，"教授"是动词"引用"的施事。

选择限制：

在偏正结构中，作为中心语时，与表生物属性值的形容词、名词成分组合。

（2）他说给我听，曾经有过一部绘图的《山海经》，画着人面的兽，九头的蛇，三脚的鸟，生着翅膀的人，没有头而以两乳当作眼睛的怪物。

（3）比萨城一个年轻的医科大学生，正在大教堂里跪着祈祷。

（2）中"人面"表示"兽"的外貌属性值，"九头""三脚""生着翅膀"都指称各自中心语的外貌属性值。（3）中"年轻"指称中心语"医科大学生"的年龄，年龄是一种生理属性值。

在主谓结构中作为主语时，可以充当动作行为动词的施事。

（4）二战期间，棕树蛇随一艘军用货船落户关岛，这种栖息在树上的爬行动物专门捕食鸟类，偷袭鸟巢，吞食鸟蛋。

（5）他抬头一看，一只老鹰抓住一条小白蛇正从头上飞过。

（4）中的"棕树蛇"是动词"栖息""捕食""偷袭""吞食"的施

事，其中"栖息""捕食""吞食"指称了动作行为。(5)中的"他"是"抬"的施事，"抬"是主语"他"发出的动作；"抓"是施事主语"老鹰"发出的动作，施事主语"老鹰"同时发出"飞"这个动作。

- 1.1.1 人

定义：指称人的名词。

语义角色：施事，主体，与事，对象，受事。

选择限制：该类名词与其他生物类名词的重要区别之一在于该类可以与社会活动、心理活动的动词组合。

在偏正结构中，做中心语时，与表人外貌、心理属性值、社会属性值、表单位团体的形容词、名词成分组合。

（6）梳着髻子、系着长裙的女学生，在向市民们散发传单。

（7）在运动中，我们这批比较进步的学生，组织了"觉悟社"。

（8）您不愧是坚贞不屈的国际主义战士和中国人民久经考验的真挚朋友。

（9）海军战士有了它，可以在潜水艇里监视海面上的敌人。

（10）大家都说，一位好老师的恩情可以让他的学生一辈子感激不尽。

（6）中的"梳着髻子、系着长裙"是"女学生"的定语，指称了中心语"女学生"的外貌特征，这种外貌特征是人特有的，不能用来修饰动物。（7）中修饰"学生"的定语"进步"的意思是"适合时代要求，对社会发展起促进作用的"，指称了中心语"学生"的社会属性值。（8）中"真挚"的意思是"真诚恳切（多指感情）"，指称了一种心理属性值，它在这个句子中作为定语修饰中心语"朋友"；"坚贞不屈"的意思是"节操坚定不变"，修饰指人名词"战士"，指称了"战士"的性格属性值。（9）中的修饰名词"战士"的定语"海军"指称了"战士"所属的单位部门。（10）中的修饰指人名词"老师"的定语"好"的意思是"友爱、和睦"，是对对象的评价，是一种社会属性值。

在主谓结构中做主语时，可以作为动作行为、社会活动、心理活动的动词的施事。

（11）战士宋学义掷扔手榴弹总要把胳膊抡一圈儿，好使出浑身的力气。

（12）总理的秘书急了，又不敢说，便悄悄地告诉乘务员。

（13）对这种只让学生念书，先生不讲解的教学方法，他感到不满意。

（11）中谓语动词"掷扔"指称了动作行为，从后面的小句"总要把胳膊抡一圈儿"可以看出"胳膊"参与发出了"掷扔"这个动作，所以这个动词指称的是一种有一定具体形式的动作，它的施事主语是指人名词"战士宋学义"。（12）中的动词"告诉"指称的是交际行为，是一种社会活动，它的施事主语是指人名词"总理的秘书"。（13）中的动词感到的意思是"觉得"，指称了心理活动，它的施事主语是"他"。

在主谓结构中充当主语时，可以和表心理属性值的谓语（形容词、名词）组合。

（14）秘书将电报记录稿交主席签字的一瞬间，主席下意识地踌躇了一会儿，那神情分明在说，岸英难道真的不在了？

（14）中的谓语形容词"踌躇"的意思是"犹豫"，指人名词"主席"是"踌躇"的主体主语。

- 1.1.1.1 身份

定义：用职业、身份来指称人的名词。从语义方面说，这类名词可以指称具体的单个人，也可以指称一个群体，也可以指称一种抽象的社会存在，"当上营业员"中的"营业员"并不指人，而是指营业员这个工作。

语义角色：施事，主体，与事，对象，受事。

选择限制：

在定中结构中，作为中心语，与指称社会性事物的形容词、名词成分组合使用，如单位、机构、地名、国名。

（15）上野的樱花烂漫的时节，望去确也像绯红的轻云，但花下也缺不了成群结队的"清国留学生"的速成班，头顶上盘着大辫子，顶得学生制帽的顶上高高耸起，形成一座富士山。

(15)的定中结构"清国留学生"的定语"清国"指称了国名,修饰指人名词"留学生"。

在定中结构中作为定语,中心语可以是人名。

(16) 中国人民志愿军战士罗盛教正好走过这里。

(16)中的定中结构"中国人民志愿军战士罗盛教"中,人名名词"罗盛教"被定语"中国人民志愿军战士"修饰。

做中心语时,定语不可以是人名。

(16)中的定中结构如果是"罗盛教中国人民志愿军战士",不是一个正确的表达方式。

例词:学生(①在学校读书的人),学生(②向老师或前辈学习的人),骗子,督师,遗老(①指改朝换代后仍然效忠前一朝代的老年人:前朝~),遗老(②指经历世变的老人),同案,同乡,祭酒,冠军。

- 1.1.1.2 关系

定义:关系指的人是在一定社会范围内处于某个位置上的人,如职务、亲属、称谓。

语义角色:施事,主体,与事,对象,受事。

选择限制:

在定中结构中作为中心语时,可以与表示序列和关系的形容词组合。

(17)在部队开上去围攻会理的时候,连队在路边休息,他也曾亲眼看见周副主席和毛主席、朱总司令一道,跟战士们亲切交谈。

(17)中的定中结构"副主席",定语"副"的意思是"居第二位的;辅助的",表示序列,修饰中心语名词"主席"。

人姓或人名可以在前后与该类名词组合成定中结构。

(18) 周团长拿起身边那袋所剩不多的炒面。

(18)中的定中结构"周团长",(17)中的定中结构"周副主席""毛主席""朱总司令",都是指人姓的名词做定语,指人名词做中心语,这些定中结构把定语和中心语的位置互换一下也是可以的:"团长周××""副主席周××""主席毛××""总司令朱××"。

可以做独立语用作称谓。

(19)"我得往前走吗,先生?"
(20)老爷,恭喜高中了。

例词:知府,司事,司令(①某些国家军队中主管军事的人),司令(②中国人民解放军的司令员习惯上也被称作司令),领事,领队(②率领队伍的人),将军(①将级军官),将军(②泛指高级将领),导游(②担任导游工作的人),导演(②担任导演工作的人),指挥员(①中国人民解放军中担任各级领导职务的干部),指挥员(②泛指在某项工作中负责指挥的人员)。

● 1.1.1.3 超人

定义:该类是直接指称神魔鬼怪等不是真实存在的"人"。由于该类名词指称的不是一般的"人",而是想象中的"人",所以该类的语义选择限制与其他指人名词不同,可以与其他指人名词无法组合的词义组合使用。

语义角色:施事,主体,与事,对象,受事。

选择限制:

在主谓结构中作为施事或主体主语时,可以与表示非人动作行为的动词组合,如表示"飞"义的动词。

(21)神话里的传说仙人骑乘仙鹤云游四方的故事,给了我许多神奇的幻想。

(21)中的主语"仙人",发出"骑乘仙鹤云游四方"的行为,一般的"人"是无法"骑乘仙鹤"的。

在定中结构中作为定语时,中心语可以是指非人所有的物体。

(22)死神的黑色翅膀曾经三次触及他。

（22）中的定中结构"死神的黑色翅膀"，"翅膀"是"死神"的肢体，但是一般"人"是没有翅膀的。

例词：因陀罗，妖，菩萨（②泛指佛和某些神），精（⑨妖精：修炼成~），佛（①佛陀的简称），安琪尔，菩萨（①佛教指修行到了一定程度、地位仅次于佛的人），米老鼠，罗汉。

- 1.1.1.4 其他

定义：凡是指称人的名词，但是又不能归入以上三类中的，全部归入该类。"1.1.1.1 身份"和"1.1.1.2 关系"中的指人名词是用人的社会特征对人进行指称，该类中的指人名词则不是，如"青年""少女"是用人的年龄特征指称人，"男生""女人"是用性别特征指称人，"黑人""印第安人"是用种族特征指称人。

例词：遗腹子，淘气鬼，弃儿，壮年人，妖精（②比喻以姿色迷人的女子），童女，童男，六龄童，黄种人，汉人，白种人，少年郎，男子汉，婴儿，瑶民，童子。

- 1.1.2 动物

定义：该类名词指称具有自主行动能力的非人生物。

语义角色：施事，受事，主体，与事，对象。

选择限制：

在主谓结构中充当主语时，不能与表示社会活动、心理活动的动词组合。比如我们不能说"蚂蚁开会；黄鼠狼拜年；老虎生气了"。

- 1.1.2.1 兽

定义：该类名词指称陆生的哺乳动物，兽类动物一般有四肢。

语义角色：施事，受事，主体，与事，对象。

选择限制：

在主谓结构中作为主语时，与表示肢体动作行为的动词组合。

（23）猎狗已经扑了上去，一口咬住了鹌鹑，叼回来交给父亲。

（23）中的动词"扑""咬住""叼"的施事主语是"猎狗"，这些动词都是指称肢体动作行为的。

例词：鼹，犀，骐骥，猛犸，骥，狒狒，猪，猿，鼹鼠，熊猫。

第三章 汉语词汇义类体系的定义（上）：名词部分

- 1.1.2.2 鸟

定义：该类名词指称能够飞翔的动物，一般无四肢。

语义角色：施事，受事，主体，与事，对象。

选择限制：

在主谓结构中作为主语时，与某些特定的行为动作动词组合，如"飞""翱翔"等。

(24) 一只小麻雀飞来，叽叽喳喳地叫。

(25) 鹦鹉又惊愕又惭愧，脸蛋涨得通红，拍拍翅膀，没趣地飞走了。

(26) 乌鸦通常被认为是笔直飞行的，但与坚定不移地向南飞行200英里直达最近的大湖的大雁相比，它的飞行也就成了曲线。

(27) 一群大雁往南飞，一会儿排成个人字，一会儿排成个一字。

(24) 到 (27) 中，主语"麻雀""鹦鹉""乌鸦""大雁"都作为动词"飞"的施事，而该义类的兄弟义类如兽类、鸟类的名词不可以作为"飞"或"飞"的近义同义词的施事。

例词：啄木鸟，莺，鸦，隼，雀，鹫，鸲鹆，鸽，杜鹃，鸫，鸥鹬，燕，雁。

- 1.1.2.3 鱼

定义：该类名词指称水生的动物，典型的鱼类动物不可离开水生活。

语义角色：施事，受事，主体，与事，对象。

选择限制：

在主谓结构中充当主语时，与某些特定的行为动作动词组合，如"游""产卵"等，不能和表肢体动作行为动词组合使用，如"抓""扑"。

(28) 当然自由是相对的，就如鸟儿只能在空气中自由飞翔，鱼儿只能在水里自由游动一样。

(29) 鲇鱼好动，它在沙丁鱼中不停地游来游去，使沙丁鱼受到干扰，也不得不增加活动。

（30）海里的鱼儿欢快地游动。

（28）到（30）中的名词"鱼""鲇鱼"，都作为主体主语，与谓语动词"游动""游来游去"组合。

例词：鼋，鱼苗，鱼鳖，幼鱼，鲫鱼，银鱼，叶纹贝，袖形贝，星鲨，虾米，蛤蟆。

- 1.1.2.4 昆虫

定义：该类名词指称昆虫。从分类特征来看，该类名词与前面三类分不开，它兼具前面三类的分类特征；从词义指称的对象来看，该类词义指称了一类能够与其他事物截然分开的对象。所以，该类只能使用领域式分类，根据常识分类，缺少能够与兄弟义类区分的选择限制特征。类似的情况也出现在其他义类中，我们将在本章的讨论部分讨论这类问题。

语义角色：施事，受事，主体，与事，对象。

例词：蠋，幼蜂，油蛉，螬虫，蚁蛭，眼球虫，雄蛛，小蜂，夏虫，跳蚤，天蛾，死蛾，死虫，水蝎。

- 1.1.2.5 微生物

定义：该类是直接指称微生物的义类，领域式分类。

例词：真菌，黏菌，蕈菌，细菌，微生物，微菌，珊瑚，青头菌，牛肝菌，霉菌，巨藻，结核菌。

- 1.1.3 植物

定义：该类指称不具备主动活动能力的植物。

语义角色：受事，主体，与事，对象。该类名词不可作为施事。

选择限制：

在主谓结构中充当主语时，不能与表行为活动的动词组合。如不能说"树爬楼；花走路"。

- 1.1.3.1 草木

定义：该类名词指称花草树木，花草树木一般具有干、根、枝等生物性特征，一般有果实。该类包括树木、花、草。

选择限制：

在动宾结构中作为受事宾语时，动词可以是表"砍伐""种植"义的行为活动。典型的，如"苹果"在现汉中有两个义项：一个义项是"落叶乔木，叶子椭圆形，花白色带有红晕。果实圆形，味甜或略酸，是常见水果",指称的是苹果这种植物;另一个义项是"这种植物的果实",指称的是苹果这种植物结出来的果实,是苹果这种植物的一部分。"种苹果"这个短语里的"苹果"是第一个义项,因为人们不能种植植物的一个部分,而是种植植物这个整体,而"吃苹果"里的"苹果"是第二个义项,因为人们不能吃苹果这种植物的枝干、茎叶等,只能吃植物的果实部分。

(31) 电视中有砍树的镜头,你对我说:"树会疼!"
(32) 樵夫,别砍那棵树。
(33) 这树是我先祖亲手种在他的小屋边,
(34) 杏树是奶奶亲手栽的,听奶奶说栽杏树的时候还没有我呢。
(35) 它们找来一把锯,把苹果树锯成两段。

在偏正结构中做定语,中心语可以是表植物部分的一价名词,如"枝""叶""茎"等,中心语和定语构成从属关系。

(36) 好茂盛的皂荚树啊,它向四面伸展的枝叶,差不多可以荫盖住我们整个小操场。
(37) 一棵大树,有着数不清的丫枝,枝上又生根,有许多根一直垂到地上,伸进泥土里。
(38) 不久,猴子的苹果树枯萎了,而乌龟的苹果树却慢慢地长出了新芽。
(39) 过了几个秋天,猴子到乌龟家来玩,它看见园子里的苹果树已经结满了又大又红的苹果。

(36) 中的"枝叶"从属于"皂荚树";(37) 中的"丫枝""根"从属于"大树";(38) 中的"芽"从属于"苹果树";(39) 中的"苹果"从属于"苹果树"。

例词:杜鹃(①常绿或落叶灌木,叶子椭圆形,花多为红色。供观赏),杜鹃(②这种植物的花),毒草,丁香(①落叶灌木或小乔木,叶子卵圆形或肾脏形,花紫色或白色,有香气,花冠长筒状),丁香(②常绿乔木，叶子长椭圆形，花淡红色，果实长球形），常青藤，茶（①常绿木本植物，叶子长椭圆形，花一般为白色，种子有硬壳。嫩叶加工后就是茶叶）。

- 1.1.3.2 果实

定义：该类指称植物的果实，是植物的一部分，可以食用。
语义角色：受事，主体，与事，对象。
选择限制：
在动宾结构中作受事宾语时，可以与表示食用的动词组合。

（40）园中所有树上的果子，你可以随便吃，唯独善恶树上的果子，你不能吃。

（41）还有妮儿，黑眼睛的、会爬树的妮儿，她跟谁坐在一块儿吃桑果？

（42）这年头，荔枝树被砍了一大片，种荔枝的人也吃不上荔枝了，这是什么年头哟……

（43）有一天，你们吃着苹果擦着嘴要记着，你们嘴里的那份甜呀。

（40）中的"果子"是动词"吃"的受事宾语；（41）中的"桑果"是"吃"的受事宾语；（42）中的"荔枝"是"吃"的受事宾语；（43）中的"苹果"是"吃"的受事宾语。

在偏正结构中作为定语时，可以与指称食物的非生物名词组合，构成材料和产品的关系。

（44）小米、玉米糁儿、红豆、红薯、红枣、栗子熬成的腊八粥，占全了色、味、香，盛在碗里令人赏心悦目，舍不得吃。

（45）延安的小米饭养活了诗人。

（44）中的"腊八粥"的材料是"小米、玉米糁儿、红豆、红薯、红枣、栗子"；（45）中，"小米"是"饭"的材料。

例词：紫芽姜，紫菜，竹笋，芝麻粒，芝麻，榛子，长生果，楂子，皂荚，枣子，玉黍，玉米粒，玉米棒子，玉米棒。

- 1.1.4 群体

定义：该类名词指称以生物为成员组成的群体。

语义角色：施事，主体，受事，对象。

- 1.1.4.1 机构

定义：该类名词指称由人组成的社会性群体，这种群体有一定的社会功能，可以指称类人的团体，同时亦可指称具体的建筑物。

(46) 妈妈急急地去过学校几次，校方并没有责怪贾里他们。

(47) 对个人、学校、国家，都会是一个非常挠头的问题。

(46) 中的"学校"是动词"去"的处所宾语，"学校"是一个具体的建筑物，主语"妈妈"去的是一个具体的地方。(47) 中的"学校"指称的是一个类人的概念，不是指具体的建筑物，因为对于一个建筑物来说，不会有"问题"存在。

语义角色：主体，施事，对象，处所。

选择限制：

在主谓结构中作为主体名词的时候，可以和表行为活动、表心理活动的动词组合。

(48) "我们县里从来没有女孩子上学，学校也从来没有收过女学生，你知道吗？"

(48) 里面的"收"在这里表示"接收，接纳，招收"义，是一种社会性活动。"学校"是"收"的施事。

在动宾结构中作为结果宾语，可以和表建筑的动词组合。

(49) 为了筹建长城站，他呕心沥血。

(49) 中的"筹建"意为"筹划建立"，名词"长城站"是结果宾语，指称建筑物；类似的，可以有"筹建学校"这样的动宾结构。

在动宾结构中作为对象宾语，可以和表位移的动词组合。

（50）回到包扎所以后，我就让他回团部去。
　　（51）果然，我们刚回到哨所，就下起暴雨。

　　（50）和（51）中的"回"和"回到"意为"从别的地方到原来的地方"，宾语"团部"和"哨所"是这种位移义动词的处所宾语。（46）也是同样的情况。
　　在偏正结构中作为中心语的时候，可以和表地区的名词组合。

　　（52）我就往仙台的医学专门学校去。

　　（52）中的地名"仙台"是日本地名，是"医学专门学校"的所在地。
　　在偏正结构中作为定语的时候，可以和指人名词组合。

　　（53）试验结束以后，我们请发射海区指挥所负责人王惠悫谈一谈。
　　（54）1987年3月15日，国际水稻研究所所长斯瓦米纳斯博士在巴黎向袁隆平颁发"联合国教科文组织科学奖"时说……

　　例词：制造所，制药厂，制氧站，制片厂，指挥所，指挥部，执政府，织造署，招待所，浴场，冶金厂。
● 1.1.4.2 团体
　　定义：该类名词指称人组成的社会性群体，该类名词不能指称具体的建筑物。
　　语义角色：主体，施事，对象。
　　选择限制：
　　不可在动宾结构中作为结果宾语，和表建筑的动词组合。
　　不可在动宾结构中作为处所宾语，和表位移的动词组合。
　　例词：援兵，游击组，训练团，训导队，学派，学会，需方，卫队，突击连，守军，解放军，教研组，合唱团，乙方。
● 1.1.4.3 其他
　　定义：该类名词指称无法被归入以上两类的群体名词。以上两类群体是根据群体的社会特征得到的分类，该类名词则没有这样的特征；该类中有些名词是非典型的群体，如"父母亲"，比典型的群体规模要小很多，因此在词义和组合特征上都与以上两类群体不同。

语义角色：主体，施事，对象。

例词：受众，猪群，诸子，鱼群，羊群，雁群，鸭群，星群，象群，万众，万民，塔群，水族，兽群，人群，人类。

- 1.1.5 生物部分

定义：指称宿主为生物的部分名词。该类名词指称的对象是生物体的一部分。

语义角色：受事，主体，对象。

选择限制：

一价名词，在偏正结构中作为中心语时，定语为指称生物的名词。

（55）老斑羚的跳跃能力显然要比半大斑羚略胜一筹，当它的身体出现在半大斑羚蹄下时，刚好处在跳跃弧线的最高点。

（56）麋鹿蹄子宽大，行动轻快敏捷。

（55）中的定中结构"它的身体"中，"身体"是属于"它"（根据上下文，指的是老斑羚）的，是"它"的一部分；同理，（66）中的"蹄子"是其定语"麋鹿"的部分。

- 1.1.5.1 肢体

定义：指称人和动物外在的，可以发出行为动作，充当施事的部分。

语义角色：施事，受事，主体，对象。

选择限制：

在主谓结构中作施事主语的时候，可以与表动作行为的动词组合。

（57）半大斑羚的四只蹄子在老斑羚宽阔结实的背上猛蹬了一下，就像踏在一块跳板上。

（57）中动词"蹬"意为"腿和脚向脚底方向用力"，指称有具体形式的动作，"蹄子"是"蹬"的施事主语。

在主谓结构中作为主体主语的时候，可以与表生理活动的动词组合。

（58）第二天的生意不错，可是躺了两天，他的脚脖子肿得像两条瓠子似的，再也抬不起来。

上例中动词"肿"意为"皮肤、黏膜或肌肉等组织由于局部循环发生障碍、发炎、化脓、内出血等原因突起"，指称生理方面的活动，"脚脖子"是这个动词的主体主语。

例词：触手，触角，牙，腕，蹄，食指，舌，乳房，脑袋，胯，脚丫。

● 1.1.5.2 器官

定义：指称人和动物不可以发出动作的部分。

语义角色：受事，主体，对象。

选择限制：

不可在主谓结构中作为施事主语与动词组合。

在主谓结构中充当主体主语的时候，可以与表生理活动的动词组合。

（59）〔适应范围〕治疗动脉硬化、脑血管硬化、冠心病、间歇性跛行、胃肠溃疡、皮肤溃疡、血栓性静脉炎、静脉曲张、肝功能障碍、肌肉萎缩、不孕、习惯性流产、性机能衰退、烧伤、冻伤、贫血以及预防衰老。

上例中的"溃疡"意为"皮肤或黏膜组织缺损、溃烂"，指称生理活动，名词"胃肠""皮肤"是它的主体主语。

例词：呼吸道，肾，神经，腮，淋巴，筋（②肌腱或骨头上的韧带），筋（③可以看见的皮下静脉），喉咙，喉，肝，肺。

● 1.1.5.3 其他

定义：无法归入以上两类的生物部分名词，包括毛发、植物部分等。

例词：落叶，触须，受精卵，染色体，换核卵，叶，蔓，茎，荚，核，萼，蒂，蓓蕾。

● 1.2 非生物

定义：该类指称无生命的具体物，这类名词指称的对象不具备生命特征，所以无法充当动作行为的发出者，无法作施事角色。

语义角色：与事，主体，对象，受事。

● 1.2.1 自然物

定义：该类的词语是指称非生命的、非人工制造的实体物质。

语义角色：与事，主体，对象，受事。

选择限制：

在主谓结构中作为主语时，不能和表示行为活动的动词组合。

在动宾结构中作为结果宾语的时候，不可以和表示生产等社会活动的动词组合。

● 1.2.1.1 基本物质

定义：基本物质是构成其他复杂物的物质，基本物质本身不易再被分解成相同功能的物质，如在科学上固体可以被分解成为更小的物质单位，但是这些更小的物质单位不具备固体所有的一些特征。

● 1.2.1.1.1 固体

定义：指称具有具体形态和物理特征的基本物质。

语义角色：受事，主体，对象。

选择限制：

在动宾结构中作为受事宾语的时候，可以与表动作行为的动词组合，如"拿""抓"等。

（60）我小心翼翼地伸出左脚去探那块岩石，而且踩到了它。

（61）手里握着一把泥土的时候，或者当我回想起儿时的往事的时候，我想起那参天碧绿的白桦林。

（60）中的"探"意为"（身体的一部分）向前伸出"，"踩"意为"脚底接触物体"，都指称动作，"岩石"是它们的受事；（61）中的"握"意为"用手拿或攥"，指称手部动作，"泥土"是它的受事。

在偏正结构中作为中心语时，可以受表具体数量的数量词修饰。

（62）往事桩桩件件，历历在目，那是我们记忆仓库里一颗颗流光溢彩的珍珠啊！

（63）有一天，他醒过来，神智清楚地仰卧在一块岩石上。

（64）所以要给它加上一个两面凸起的玻璃水晶，才能补救这个缺陷。

（62）中的定中结构"一颗颗流光溢彩的珍珠"，（63）中的"一块岩石"，（64）中的"一个两面凸起的玻璃水晶"，表具体数量的数量词"一颗颗""一块""一个"都是定语。

在定中结构中充当中心语时或在主谓结构中作主语时，定语和谓语可以是表实体的物理属性值的名词、形容词，如外观、质地等。

（65）空中、半空中、天上，自上而下全是那么清亮，那么蓝汪汪的，整个的是块空灵的蓝水晶。

（66）而且这岛上的岩石也不够坚硬，都是一碰就碎的沙石。

（67）如果这句话是正确的，那么把这两个铁球拴在一起，落得慢的就会拖住落得快的，落下的速度应当比10磅重的铁球慢。

（65）中的"蓝"指称的是颜色属性值，作为定语修饰中心语"水晶"（66）中的"坚硬"意为"结实又硬"，指称物体质地属性值，做谓语修饰主语"岩石"。（67）中的"10磅重"指称物体的重量，作为定语修饰中心语"铁球"。

在偏正结构中作为定语时，可以和其他名词组合，表材料概念。

（68）站在月台上向四周望去，只看到光秃秃的石头山，没有什么秀丽的景色。

（69）朋友送我一对珍珠鸟。

（70）阁内有八根铁梨木的柱子直贯到顶，支撑着雄伟的阁体。

（71）两名戎装严整的威武的哨兵守护在水晶棺旁。

（68）中的"石头"，（69）中的"珍珠"，（70）中的"铁梨木"，（71）中的"水晶"，做定语指称材料分别在定中结构中修饰中心语"山""鸟""柱子""棺"。

例词：陨石，淤泥，鸣沙，积雪，积土，积沙，化石，飞尘，搭石，氯化钠，半导体，珍珠，玉，雪，锡，稀土，铜，炭（①木炭的通称）。

● 1.2.1.1.2 液体
定义：指称液体，与固体不同，液体不具备固定的形状。
语义角色：主体，对象，受事。
选择限制：
在主谓结构中作为主体主语时，可以和"流"、"淌"这类动词组合。

（72）山上的积雪融化了，雪水汇成小溪，淙淙地流着。
（73）我听得到每个毛孔张开嘴巴的吸吮声，我感觉得到血管里血的流动在加快。
（74）这条河的水滚滚东流注入大海。

以上三例中的动词"流""流动""流"都是指称液体流动的运动，它们的主体主语是"雪水""血""水"。

在动宾结构中作受事宾语时，该类某些名词可以作为"饮用""喝"等指称食用义的动词的宾语。

（75）因为同在一个蓝天之下，同饮一江水，共同生长在一块土地之上。
（76）等到听不见脚步声，我回屋才感到抱歉，没请他坐坐喝口茶水。

（75）中的"饮"意为"喝"，（76）中的"喝"意为"把液体或流食咽下去"，都指称食用动作，其对象宾语为"水""茶水"。

例词：浊沫，蒸馏水，黏汗，雨星，雨汗，液氢，洋油，羊奶，盐水，血液，血泪，血汗，血滴，香水。

● 1.2.1.1.3 气体
定义：指称气态物质。该类名词指称的对象无具体外观，包括指称气体和烟尘的名词。
语义角色：主体，对象。
选择限制：
在主谓结构中充当主语、在动宾结构中充当宾语时，可以和"飘""散"等动词组合使用。

(77) 这么多的水蒸气弥漫在田野上，正好一股冷空气经过，水蒸气就变成了云。

(78) 当锅中的饭已经煮熟时，河水因晒了一天太阳而开始飘起炊烟一样的热气。

(77) 中的"弥漫"意为"（烟尘、雾气、水）充满、布满"，"水蒸气"是这个动词的主体；(78) 中"飘"意为"随风摇动或飞扬"，它的主体是"热气"。这些动词不能与指称其他基本物质的名词（固体、液体）组合。在这两个例子中，固体是不能"弥漫"和"飘"的，液体可以"弥漫"，但是不能"飘"，只有气体可以和两个动词组合。

例词：蒸汽，蒸气，瓦斯，尼古丁，甲烷，二氧化碳，氧气，硝烟，雾气，炭气，水蒸气。

- 1.2.1.2 能源

定义：该类名词从功能的角度指称某类自然物名词，所以在构词以及词的使用上显示出与指称一般自然物的名词之间的不同特征，能源类名词指称的是具有社会性的自然物。由于能源并不是一种具体的有定形态的物质，在使用上又具有一些抽象名词的特点。

语义角色：主体，对象。

选择限制：

在偏正结构中作为中心语时，不与表示具体的物理属性值的名词、形容词组合，如外形、颜色、重量等。

例词：原子能，太阳能，水资源，热能，燃料，能源，煤藏，矿物，矿产，矿藏，火力（①利用煤、石油、天然气等做燃料获得的动力），核燃料。

- 1.2.1.3 天文

定义：指称存在于宇宙空间的，而不是在地球上的自然物的名词。领域式分类。

语义角色：主体，对象，受事，处所。

选择限制：

在动宾结构中作为处所宾语时，不可以与表示人或生物位移的动词组合。

（79）圆圆的月亮像大玉盘似的挂在天空中，银光洒落在河面上，闪闪发亮。

（80）25日凌晨1点35分8秒，它以合适的角度进入地球大气层。

（81）而且因为外层空间空气稀薄，阻力很小，它们环绕地球飞行好多年也不会坠入大气层烧毁。

以上三例中的动宾短语"挂在天空中""进入地球大气层""环绕地球""坠入大气层"，都是带处所宾语，四个动词都不是指称人或生物主动发出的动作，这些处所宾语也不可以充当人或生物主动发出的动作的处所宾语，如"走""爬"等。

例词：启明星，平流层，落月，落日，积云，行星，月亮，星宿，天空，太空，苍穹，星星，中子星，云霄。

- 1.2.1.4 地理

定义：该类是指称地理概念的义类，该类名词指称的对象都是在地球上的自然物。以空间的自然特征对空间进行命名，指称实体概念，与空间名词的用法有相似之处。

语义角色：主体，受事，对象，处所。

选择限制：

在动宾结构中充当处所宾语时，可以与表示人或生物位移的动词组合。

（82）当我躺在土地上的时候，当我仰望天上的星星，手里握着一把泥土的时候，或者当我回想起儿时的往事的时候……

（83）节日夜晚，青年男女聚集在松林里或空场上"跳月"。

（84）一位同学想利用父亲出差的机会随父去泰山游玩，于是向班主任请假。

（82）的动宾短语"躺在土地上"的动词"躺"意为"身体倒在地上或其他物体上"，指称了由身体发出的行为，"土地"是它的处所宾语，它的主体主语是"我"，这个动词指称的行为是由人发出的；（83）的动宾短语"聚集在松林里"的动词"聚集"意为"集合，凑在一起"，"松林"是它的处所宾语,它的主体主语是"青年男女",这个动词指称的行为是由人发出的;(84)中"游玩"意为"游戏、游逛",它的处所论元是"泰山",施事论元是"同学",这个动词指称的行为是人发出的。

在偏正结构中作为中心语时,定语部分可以是表地区、地名的名词,指称地理物的所在地。

(85)她坐落在甘肃省三危山和鸣沙山的怀抱中,四周布满沙丘,492个洞窟像蜂窝似的排列在断崖绝壁上。

(86)年轻的登山队员——运动健将王富洲、刘连满、屈银华和一级运动员贡布(藏族)四人,背着高山背包,扶着冰镐,开始向珠穆朗玛顶峰最后的380米高度冲击。

(87)茅山山脉北延至南京、镇江之间,被称为宁镇山脉。

(85)中的定中结构"甘肃省三危山和鸣沙山"的定语"甘肃省"指称中国的省份,是地名,"三危山和鸣沙山"是两座山的名词,是地名,同时也是地理物,定语是中心语的所在地;(86)中的"珠穆朗玛"是地名,指称中心语"顶峰"的所在地,"顶峰"意为"山的最高处",指称地理物;(87)中的定中结构"茅山山脉"与(86)中的"珠穆朗玛顶峰"是一样的。

例词:地亩,地面,地面(①地的表面),地块,地(②陆地),地(③土地;田地),敌岸,堤埂,岛屿链,岱宗,大山背,大谷。

• 1.2.2 人工物

定义:指称人造的事物。

语义角色:主体,对象,受事,结果。

选择限制:

在动宾结构中充当结果宾语时,可以与表示生产的动词组合。

(88)桂花晒干了,收在铁罐子里,和在茶叶中泡茶,做桂花卤,过年时做糕饼。

(89)她又跑遍沿河几个村落,挨门挨户乞讨零碎布头儿,给何满子缝了一件五光十色的百家衣。

(90)我不知道怎样去搭一个窑,像那些陶器工人烧陶器用的那种窑。

（91）在这期间他和于敏联合署名写了一份关于中华人民共和国核武器发展的建议书。

（92）第三个方案要求研制月球轨道交接技术和载人飞行器。

（93）秦始皇焚书坑儒，建阿房，销兵器，千百年来在人们的脑子里留下的是一个暴君的影子。

（88）的动宾结构"做桂花卤""做糕饼"中的"做"意为"制造"，表生产义；（89）的动宾结构"缝了一件五光十色的百家衣"中的"缝"意为"裁剪制作衣服鞋帽"，"百家衣"是它的结果宾语；（90）的动宾结构"烧陶器"中的"烧"意为"通过加热的方式制造产品"；（91）的动宾结构"写了一份关于中华人民共和国核武器发展的建议书"，"写"意为"写作"，是一种产出性的精神活动；（92）的动宾结构"研制月球轨道交接技术和载人飞行器"，"研制"意为"研究制造"，"月球轨道交接技术和载人飞行器"是结果宾语；（93）的动宾结构"建阿房"的"建"意为"建筑"，"阿房"指称建筑物。

在偏正结构中作为定语时，可以与表示社会属性的名词组合。

（94）就某一类家用电器的营销情况、性能质量等向有关人员作一次调查。

（94）中的定中结构"家用电器的营销情况、性能质量"中的中心语"性能"意为"机械、器材、物品等所具有的性质和功能"，"质量"意为"产品或工作的优劣程度"，都指称的一种属性，这种属性不是属性宿主自然具有的，而是人根据自身的需要得到的，所以是一种社会性的属性。

（95）阅读这本书，你可能首先被书中曲折的故事情节所吸引。

（95）中的"情节"指的是其定语"书"的内容方面的属性，也是社会属性。

在偏正结构中作为中心语时，可以与表社会属性值的名词、形容词组合。

(96) 许多人托我代购的北京生产的名牌风衣已供不应求，暂时脱销。

上例的"名牌"意为"出名的牌子"，品牌这个概念是社会性概念，"名牌"指称社会属性值修饰"风衣"。

(97) 官内陈放着来自世界各地的珍贵艺术品，其中还有远涉重洋的中国古代瓷器。
(98) 可以说，这是一本永远不会过时的书。

(97) 中的"珍贵"意为"价值大，宝贵"，价值是社会概念，这个词指称社会属性值。(98) 中的"过时"意为"过去流行现在不流行；陈旧不合时宜"，指称社会属性值。

- 1.2.2.1 食物

定义：该类是指称人工制造的、可食用的事物。食物的特征是可以食用的，该类包括了饭菜、饮品等。

语义角色：受事，主体，对象。

选择限制：

在动宾结构中作受事宾语时，该类词语可以和表食用义、制作（烹调）义的动词组合。

(99) 乌篷船里的那些土财主的家眷固然在，然而他们也不在乎看戏，多半是专到戏台下来吃糕饼水果和瓜子的。
(100) 当妈妈开水龙头淘米煮饭，你总该听到些什么吧？

上例中的"吃"意为"把食物等放到嘴里经过咀嚼咽下去"，"糕饼""水果"和"瓜子"是它的受事宾语。(100) 中的"煮"意为"把食物或其他东西放在有水的锅里烧"，它的受事宾语是"饭"。

在偏正结构中作为中心语时，可以和"果实"类名词组合。

(101) 午饭每天都是素扁豆汤，和一磅半像煤一样黑的面包。

(102) 我们用桐子榨油来点灯，吃的是豌豆饭、菜饭、红薯饭、杂粮饭，把菜籽榨出的油放在饭里做调料。

(103) 毛泽东同志和战士一样，同吃五分钱一天的伙食，同吃红米饭、南瓜汤。

（101）中的"扁豆"意为"一种植物的荚果或种子"，作为定语修饰中心语"汤"。（102）中的定中结构"豌豆饭""红薯饭"，（103）的定中结构"南瓜汤"与（101）中的"扁豆汤"情况是一样的。

例词：锅巴，关东糖，橄榄油，甘蜜，盖碗茶，副食，粉条，杜松子酒，豆腐脑，豆腐块，豆腐干，醋栗，葱头。

● 1.2.2.2 药物

定义：该类是指称人工制造的、可治疗疾病的事物。该类是领域式分类。

语义角色：受事，主体，对象。

例词：注射液，退烧针，强心药，蒙汗药，麻醉针，麻醉药，减肥药，除草剂，安神丸，药物，鸦片，维他命，维生素。

● 1.2.2.3 衣物

定义：该类名词指称人穿着在身上的衣物，包括鞋帽、首饰等。

语义角色：主体，受事，对象。

选择限制：

在动宾结构中作为对象宾语的时候，可以与表示穿戴义的动词组合。

(104) 上星期一次体育课，我们全班都穿上刚买的新运动衣。

(105) 他亲手给披的大衣……

(106) 我的球衣被人剥了下来，又有人替我套上了另一件——上面印着1000的号码。

（104）中的"穿上"意为"把衣服鞋袜等物套在身体上"，（105）的"披"意为"覆盖或搭在肩背上"，（106）的"套"意为"（衣物）罩在外面"，都表穿戴的意思，对象宾语分别是"运动衣""大衣""另一件（球衣）"。

在偏正结构中作为中心语时，可以与表示材料类的名词组合。

（107）穿了身毛蓝布衣裤，腰间围个钉满小银片扣花葱绿布围裙，脚下穿双云南乡下特有的绣花透孔鞋，油光光辫发盘在头上。

（108）他皮肤黝黑，饱经风霜，身穿黑天鹅绒的紧身衣裤，脚登过膝长筒靴，挎着深红色的绶带，皮带上插满了手枪。

（107）中的定中结构"布围裙""布衣裤"，定语"布"意为"用棉、麻织成的，可以做衣服或其他物件的材料"，修饰中心语"围裙"和"衣裤"；（108）中的定中结构"天鹅绒的紧身衣裤"中的定语"天鹅绒"意为"一种起绒的丝织物或毛织物"，修饰中心语"衣裤"。

例词：戏装，戏袍，乌裙，围腰，王冠，透孔鞋，跳舞靴，天衣，套鞋，蓑衣，蓑，绶带。

● 1.2.2.4 材料

定义：该类名词指称用作生产制作其他人工物材料的人工物。很多事物都可以兼具材料以及其他各种功能，这类名词指称的事物是被生产用作材料的，在组合特征上显示特点。

语义角色：主体，受事，对象。

选择限制：

在偏正结构中作为定语时，与表人工物的名词组合，构成"材料—产品"关系。

（109）炮兵连一匹胆小的黑色驮马受惊，驮着高大的钢铁炮架，疯狂地蹿上铁道，横在路心，死活不动。

（110）象的全身刺着花绣，耳朵上戴着大铜耳环，环子上系着彩色的绸子飘带。

（111）为了观察塔蓝图拉毒蛛的一举一动，我把玻璃罐放在卧室桌子上。

（109）中"钢铁"意为"铁和碳的合金，是重要的工业材料"，作为定语修饰中心语"炮架"。（110）中的"绸子"意为"薄而软的丝织品"，作定语修饰"飘带"。（111）中的"玻璃"意为"一种质地硬而脆的透明物体，没有一定的熔点。一般用石英砂、石灰石、纯碱等混合后，在高温下熔化、成型、冷却后制成"，做定语修饰中心语"罐"。

例词：铸铁，不锈钢，织绢，织锦，砖，釉，乙烯，橡胶，纤维，塑料，水门汀，皮（②皮子：~箱｜~鞋｜~袄），琉璃。

● 1.2.2.5 工具

定义：该类名词指称用作工具的人工物。该类名词用功能来指称事物，所以都可以做工具语义角色。该类名词指称的对象众多，从家庭用品到交通工具，很难找到系统性的选择限制特征与兄弟义类相区分，比较方便的做法是用排除法进行判定，该类名词不具备兄弟义类的选择限制特征。

语义角色：主体，受事，对象，工具。

例词：板车，织机，摘棉机，龙门吊，流水线，离心机，打印机，磁带记录仪，抽气机，布机，重炮，战斗机，原子武器。

● 1.2.2.6 标志物

定义：领域式分类。该类名词指称有一定象征意义的人工物。标志物被赋予一定的意义，是一种有形的符号。如票证、艺术品等。

语义角色：主体，对象，受事，结果。

例词：许可证，星章，星条旗，小旗，物证，通行证（①准许在警戒区域或规定道路通行的证件），铁证，桃符，双程票。

● 1.2.2.7 作品

定义：指称既有具体物质又有抽象内容人工物，包括一切有实体的出版品。如"书报""光碟"。

语义角色：主体，受事，对象，结果、内容。

选择限制：

在动宾结构中做内容宾语，与表认知活动的心理动词组合。

（112）阅读这本书，你可能首先被书中曲折的故事情节吸引。

（113）一下子想完全读懂所有的书，特别是完全读懂重要的经典著作，那除了狂妄自大的人以外，谁也不敢这样自信。

（114）我国古代诗歌一向追求诗情画意，只要你留心品味，便会发现，许多诗歌都可以绘成画、谱上曲、编成舞来欣赏。

(112)的"阅读"意为"看书报并领会其内容",指称认知行为,从语义上说,认知的对象是对象物蕴含的内容,而不是对象物本身,这个动词的宾语是"书","书"既指称物质外形,也指称书中的内容。(113)中的动词"读"意为"阅读,看(文章等)",内容宾语是"书"和"著作"。(114)中的"欣赏"意为"享受美好的事物,领略其中的情趣",它的内容论元为"画""曲""舞",其中"画"指称既有具体外形又蕴含内容的作品。

例词:国产片,规章(②国家行政机关根据法律和行政法规在其职权范围内制定的关于行政管理的规范性文件,分为部门规章和地方政府规章),广告栏,广告剧,鼓书,公证书,工笔画,歌舞剧,稿子(①诗文、图画等的草稿)。

● 1.2.2.8 建筑物

定义:该类名词指称对象为建筑物,建筑物是空间,所以该类名词也具有空间名词的组合特征。

语义角色:主体,受事,对象,结果,处所。

选择限制:

在动宾结构中做结果宾语的时候,可以与表建造义的动词组合。

(115)他终于觉得可以造屋了,便选定一个日子,破土动工。
(116)《水经注》里提到的"旅人桥",大约建成于公元282年,可能是有记载的最早的石拱桥了。
(117)如福建漳州的江东桥,修建于八百年前。

(115)中"造"意为"制作","屋"是它的结果宾语;(116)中的"建成"意为"建筑,修建(房屋、道路、桥梁等)",它的结果论元是"旅人桥";(117)中的"修建"意为"施工(多用于土木工程)",它的结果论元是"江东桥"。这三个动词都指称了建造房屋道路等建筑物的行为活动。

在动宾结构中做处所宾语的时候,可以与表生物主动位移的动词组合。

(118)他说完,便站起来,走进房里云了。

（119）胡屠户忙躲进女儿房里，不敢出来。
（120）他们小声地谈论着，似乎怕惊扰那肃穆的空气，他们穿过方场，走过桥，赶上他们的连队，投入战斗。

（118）和（120）中的"走进""走过"意为"人或鸟兽的脚交互向前移动"，指称生物主动发出的位移动作，它的处所宾语分别是"房"和"桥"，施事主语为"他"和"他们"；（119）中的"躲"意为"把身体隐藏起来，不让人看见"，指称生物主动发出的位移动作，它的处所宾语是"房"，施事主语为"胡屠户"。

在偏正结构中做定语的时候，中心语可以是指人名词。

（121）桥的主要设计者李春就是一位杰出的工匠，在桥头的碑文里刻着他的名字。
（122）另外还有一说，台阶高，屋主人的地位就相应高。
（123）托卡列夫住在一个名叫霍利亚瓦的车站肃反工作人员的家里。

以上三例中的三个定中结构"桥的主要设计者李春""屋主人""车站肃反工作人员"的中心语都是指称人的名词"设计者李春""主人""人员"，而且都是以社会特征指称人的名词。

例词：家塾，家（②家庭的住所），会馆，荒园，画坛，画廊（①有彩绘的走廊），画廊（②展览图画照片的走廊），花苑，后苑，后台（①剧场中在舞台后面的部分），红庙，函馆。

- 1.2.2.9 钱财

定义：该类名词指称可作为交换中介的钱财。领域式分类。
语义角色：主体，对象，受事，工具。
选择限制：
在偏正结构中做中心语或者做定语的时候，可以与数词组合。

（124）我给了他十个铜子的小费。
（125）"你还欠十九个钱呢！"孔乙己很颓唐地仰面答道："这……下回还清罢……"。

（126）送单身旅客的费用仅仅五英镑或二十五美元，送两位或更多人就收八英镑或四十美元。

例词：资财，资本（①用来生产或经营以求谋利的生产资料和货币），月钱，用费，鹰洋，英镑，银洋，银钱，银两，虚钱，薪饷，小钱（②指少量的钱），现洋钱，现金（①现款，有时也包括可以提取现款的支票等：~交易）。

- 1.2.2.10 其他

定义：无法归入以上九类的人工物。

例词：陪嫁，缆，筵席，丝线，丝带，盘景，酒席，胶丸，钱粮（①旧时指田赋），柴米，丸子，锭子，红缨絮，纸团。

- 1.2.3 废弃物

定义：该类名词指称的是被废弃的事物，无功能，无内容。领域式分类。

语义角色：主体，受事，对象，结果。

- 1.2.3.1 生物废弃物

定义：该类指称由生物产生的废弃物。

语义角色：主体，受事，对象，结果。

组合特征：

做偏正结构的中心语时，与生物类名词组合，构成"产生者—产生物"关系。

（127）我跑过去，看到一大堆干骆驼粪，白气正从其中冒出来。

（128）11月12日，他们到达那个帐篷，发现英雄们的尸体已冻僵在睡袋里，死去的斯科特还像亲兄弟似的搂着威尔逊。

（129）如果这真是比尔的骸骨，他怎么能嘲笑比尔呢？

以上三例中的定中结构"骆驼粪""英雄们的尸体""比尔的骸骨"，定语是指称动物和人的名词，并且按照我们的语感，这三个定中结构的中心语是不可以与指称非生物的名词组合构成"产生者—产生物"关系。

例词：痰，屎，粪，尸体，尸身，牛马粪，鸟粪，狼粪，鸡粪，骸骨，骨灰，蚕沙，鼻涕，尸首，尸骸。

● 1.2.3.2 非生物废弃物

定义：该类指称由非生物产生的废弃物。

组合特征：

做偏正结构的中心语时，与非生物名词组合。

（130）箱盖在这个洞的上方自动地打开，原子能反应堆的废料就倾泻到这个洞里。

（131）为了提炼纯净的镭，居里夫妇搞到一吨可能含镭的工业废渣。

（132）可是如今散落着的地雷碎片阻挡着孩子们奔跑的脚步。

以上三例中的定中结构"原子能反应堆的废料""工业废渣""地雷碎片"，定语是指称非生物的名词，并且按照我们的语感，这三个定中结构的中心语是不可以与指称生物的名词组合构成"产生者—产生物"关系。

例词：刨花，屑，玉屑，烟渣，烟灰，铜屑，沙土灰，木屑，矿渣，火山灰，火灰，火柴梗，皮屑。

● 1.2.3.3 痕迹

定义：该类名词指称可见的、留于物体表面的、无功能的、由外力或外物造成的印记，是物体运动后的残留物。

语义角色：主体，受事，对象，结果。

选择限制：

在偏正结构中做中心语的时候，除了表示外观义以外，一般不能与表示物理属性值的名词、形容词组合，如质地、温度、重量等。

例词：坐板疮，斫痕，折纹，游踪，印痕，烧痕，裂痕，劫灰，行踪，焊点，痣，斑，足迹，踪迹，字迹。

● 1.2.4 非生物部分

定义：指称主体为非生物的部分名词。该类名词为一价名词，从逻辑上来说，需要有一个宿主论元来说明它所属的主体。

语义角色：受事，主体，对象，结果。

选择限制：

在偏正结构中做中心语时，定语为指称非生物的名词，构成"宿主—所属物"关系。

(133) 回到家里，小林剪下救生圈的气门儿，买了塑料膜，又请塑料加工店的叔叔帮忙压成一个气囊。

(134) 符送来了，就贴在堂屋的门楣上。

(135) 你终于要我画你的画集的封面！

以上三例中的定中结构"救生圈的气门儿""堂屋的门楣""画集的封面"，定语是指称非生物的名词，并且按照语感，这个三个定中结构的中心语是不可以与指称生物的名词组合构成"宿主—所属物"关系。

例词：翅（④物体上形状像翅膀的部分），齿尖，城壕，车沿，车门，车盖，车板，场心，铲尖儿，蝉翅，钗环，背刺，板门，板块（②比喻具有的某些共同点或联系的各个部分的组合）。

- 1.3 统称

定义：该类名词指称群体性概念，与"1.1.4 群体"不同，这种群体既无特定功能，也无空间性，它对一些事物使用它们共同具有的某种特征进行指称。

例词：火种，四大发明，货物，海产品，工业品，布料，礼物，礼品，畜生，工农，衣食，雏儿，众生，幼体，小崽子，生物，活物，原生动物，古生物，非生物。

- 2 抽象名词

定义：该类名词指称不具备物理属性的对象，如形状、密度、重量等，这种对象是无形的，所以无法做受事。但是有些抽象类名词指称的对象也不是完全不具备物理属性，如"云""波浪""声音"等，还是会具有少量的物理属性，如颜色、形状、亮度、音量等，这些名词主要集中在自然现象类中，但是由于这类名词大部分还是无法做受事，在组合特征上与具体名词类相差较大，所以还是归入抽象名词类。

- 2.1 属性

定义：属性是指对象在某一方面的特征。特征不是特征值，不是指具体的特征，而是一类特征的集合，具有共性的特征集合到一起，用其共性指称，就是属性。属性不可脱离宿主单独存在，需要通过属性值具体化。

句法特征：

由于属性需要属性值具体化，所以属性名词不可在偏正关系中充当定语修饰中心语。

由于属性不可脱离宿主单独存在，所以它不可在主谓结构中独立充当主语。如身高很高。这样的句子是不可被理解的，从逻辑上来说人们需要知道属性名词"身高"的宿主，才能够完整地理解这个句子，所以属性名词要用一个偏正结构充当这个句子的主语：他的身高很高。

语义角色：主体，内容，对象。

- 2.1.1 数量属性

定义：该类名词指称可以用数量衡量的属性，其值可以是一个具体的数量值。

语义角色：主体，内容，对象。

选择限制：

在主谓结构中做主语时，谓语可以是数词或数量结构，指称数量属性的属性值。

（136）大江截流最大水深 60 米，最大流量每秒 11600 立方米，施工难度之大，在世界上前所未有。

（137）比萨大学的数学教授席位空出了，伽利略总算得到了这个位置——主要是由于别人不屑要它，因为年薪仅 60 士库提（约合现今 65 美元）。

（138）篇幅约 500 字，可以自拟副标题。

以上三例中的主谓结构"深 60 米""最大流量每秒 11600 立方米""年薪仅 60 士库提""篇幅约 500 字"，它们的谓语中都有数词或数量结构，指称了主语的具体值。

例词：征订数，运动量，射程，容量（①容积的大小叫作容量），临界值，耗氧量，含铀量，含氧量，含沙量，含量，估算值，附加值，得数，得票数，储量，冲击力。

- 2.1.2 物理属性

定义：该类指称对象物理特征的属性，所谓物理特征，即对象本身的、自然的、物理的特征，由这类特征带来的属性即物理属性。一般说来，物理属性是可观察的，是对象固有的、不依赖于外物的属性。该类名词的宿主名词可以有所交叉，如名词"颜色"的宿主，既可以是非生物类名词，也可以是生物类名词。需要说明的是，"2.1.1 数量属性"与该类的关系：前者是可以用数量描述其属性值的属性名词类，后者不是，但是前者包含了那些可以用数量描述属性值的物理属性名词，如"热度""频率"等，这是两种义类定义方式的冲突。

语义角色：主体，内容，对象。

选择限制：

在偏正结构中做中心语时，定语为具体物名词，作为物理属性的宿主。

（139）树干和树枝呈现出生铁铁锭的色泽，粗实而坚硬。

（140）白居易用比喻的笔法来描写荔枝的形态，的确也还有不足之处。

（141）那些竹叶的方向、疏密、浓淡、肥瘦，以及集合的形体，似乎都有意义，表现着一种美的姿态，一种活的神气。

（139）中的"色泽"意为"颜色和光泽"，它的宿主是定语"生铁铁锭"，从该例的语义逻辑来说，宿主是"树干和树枝"，都是具体物名词。（140）中的"形态"意为"生物体外部的形状"，它的宿主生物体，本例中是定语"荔枝"，是指称植物、果实的名词。（141）中的"疏密"意为"事物的部分间的空间大或小"，但本例没有提供具体是大还是小的信息，它的宿主是事物，"浓淡"意为"颜色的深浅程度；味道的浓重和淡薄"，"肥瘦"意为"宽窄"，这三个词的宿主为"竹叶"。

例词：含水，伸缩力，读音，机能，格式，自然生态，自然力，自然环境，韵调，音调（①声音的高低），音调（②说话、读书的腔调），音色，音阶，药性。

- 2.1.3 生理属性

定义：该类指称生物特有的各种属性。该类生物属性是指生物自身具有的、不同于其他实体物的属性，并且这些属性是不依赖于外物的。该类的名词有些指称非人属性（如毛色、习性），或者全体生物共有的属性（如体温、生命力）。生理属性是可观察的。

语义角色：主体，内容，对象。
选择限制：
在偏正结构中做中心语时，定语只能是指称生物的名词。

(142) 他的脸色十分苍白，两只眼也跟寻常不一样。
(143) 本品能促进人体能量代谢，增强人的体质和活力。
(144) 通过观察，作者了解到这种蜘蛛许多不为人知的生活习性。

(142) 中的"脸色"意为"脸的颜色；脸上表现出来的健康状况"，指称了脸的一种属性，宿主是"他"，而"脸色"的具体值在本例中是"苍白"。根据词义我们可以得知，这种属性的宿主只能是生物。(143) 中的"体质"意为"身体的健康水平以及对外界的反应水平"，指称了关于身体的属性，宿主是"人"，而"体质"的具体值在本例中没有提及，与"体质"处于并列短语中的另一个词"活力"则不是一个属性名词，因为它可以做定语。(144) 中的"习性"意为"长期在某种自然条件或社会环境下养成的特性"，指称了关于生物的属性，宿主是"蜘蛛"，而"习性"的具体值在本例中没有提及。

例词：长相，笑容，舞姿，吃相，嗅觉，听力，听觉，食欲，耐力，抗病力，繁殖力，触觉，神采，块头。

● 2.1.4 心理属性
定义：该类指称心理活动、心理状态的属性，如心情、性格、脾气等。心理属性是不可观察的。
语义角色：主体，内容，对象。
选择限制：
在偏正结构中做中心语时，定语只能是指人的名词，少数可以是指动物的名词。

(145) 大江的记性很好，他没有忘记自己原来是小溪流，轻轻地笑了笑。
(146) 筑路大军斗志高昂，隧道在一点一点地延伸。
(147) 画家，你的心地太善良了，你一定觉得我们在南极太冷了，所以多画了两个太阳。

（145）中的"记性"意为"记忆力"，指称记忆的能力，是人的能力，人的属性，宿主是"大江"，属性值是"很好"。只有人才有记忆，而记忆是心理方面的活动，所以"记性"指称了一种心理属性。（146）中的"斗志"意为"战斗意志的高低程度"，"战斗"指称的是人的活动，所以"斗志"是人的属性，宿主是"大军"，属性值是"高昂"。（147）中的"心地"意为"人的内心；心境、心情"，是人的属性，宿主是"画家"，属性值是"太善良"。

例词：居心，自制力，想象力，想法，同情心，思路，求知欲，感受力，斗志，性格，心地（①指人的内心），心地（②心情；心境），情致，情操，气概。

- 2.1.5 社会属性

定义：该类指称的属性的宿主是实体物在社会中产生存在的属性。这种物的属性不是物的自然的、与生俱来的，而是依赖于社会活动而产生的。社会属性是不可观察的。

语义角色：主体，内容，对象。

选择限制：

由于任何事物都可能在社会中被人类利用，所以社会属性名词的宿主名词可以是跨义类的。

（148）当地的居民将竹子充作各种各样的用途。

（149）东西倒不占分量，可是用途却很蹊跷。

（150）电视的用途很广，主要用于新闻广播和各种通讯，也用于播送有图像的文艺节目。

（151）各层房屋的用途惊人地统一，底层是厨房兼饭堂，二层当储仓，三层以上作卧室，两三百人聚居一楼，秩序井然，毫不混乱。

（152）食堂形成了竞争，注意特色，质量提高，价格合理。

（153）一天，她正在给天鹅喂食，从县城来了个不速之客，要以每只五十元的价格买天鹅。

（154）潮汐发电站、海水温差发电站的建立，将会给人类带来无穷无尽而又价格低廉的电力。

（148）到（151）中的"用途"意为"应用的方面或范围"，表属性义，它的宿主名词"竹子"是植物，"东西"意为"泛指各种具体或抽象的事物"，"电视"是家用电器，"房屋"是建筑物。这四个名词分属不同义类，并且不是兄弟义类，跨度较大，所以"用途"指称了宿主的社会属性。（152）到（154）中的"价格"意为"商品价值的货币表现"，表属性义，它的宿主名词"食堂"表机构，"天鹅"指称鸟，"电力"指称能源。这三个名词分属不同义类，并且不是兄弟义类，跨度较大，所以"价格"指称了宿主的社会属性。

例词：来历，代号，代称，出处，称号，造价，用途，用处，用场，译名，销路，售价，出售价，封诰，职任，本事，本领，价格，所指，政治权利。

- 2.1.6 内容属性

定义：该类名词指称的属性的宿主是有内容的事物。

语义角色：主体，内容，对象。

选择限制：

在偏正结构中做中心语时，定语只能是指作品类和信息类的名词。

（155）特别是在语言上，清新淡雅而又晶莹明丽，明白晓畅而又情韵悠长，具有独特的艺术魅力。

（156）标题是全文的眉目。

（157）这三部分都以青少年的情感教育和品德教育为中心，但内容各有侧重，体裁也有所不同。

（155）的名词"情韵"意为"情调韵味"，本例中的宿主是"语言"，指称只有内容而无具体形态的信息，属性值是"悠长"，所以"情韵"指称了宿主的内容属性。本例中"情韵悠长"是主谓结构，"情韵"单独做主语，但是它的宿主"语言"出现在上文中。（156）的名词"眉目"意为"（文章、文字的）纲要；条理"，本例中的宿主是"全文"，指称有内容、有具体形态的作品，属性值本例未说明，所以"眉目"指称了宿主的内容属性。（157）的名词"内容"意为"事物内部的实质或存在的情况","体裁"意为"文学作品的表现形式",它们的谓语"各有侧重"和"有所不同"把它们具体化,但是本例看不出它们的宿主是什么,主语是"这三部分","部分"本身是一价名词,需要带宿主论元,所以本例在逻辑上不清楚。

例词:情韵,句式,词性,义项,诗调,韵味(①声韵所体现的意味),语言美,语病,意象,意味(①含蓄的意思),意味(②情调;情趣;趣味),意境,味(③意味;趣味)。

- 2.1.7 事件属性

定义:事件是运动、活动、行为的总和,一个事件是已经完成的运动。在事件从发生,到过程,再到结束的整个过程中,每个阶段的状态属性,都归入该类。事件的状态属性是事件主体不可控的。

语义角色:主体,内容,对象。

选择限制:

在偏正结构中做中心语时,定语可以是表事件和社会活动义的名词,或小句。

(158) 这个过程一般分为开端、发展、高潮、结局四个部分。

上例中的"过程"意为"事情进行或事物发展所经过的程序","开端"意为"(事情的)起头、开头","高潮"意为"比喻事物高度发展的阶段","结局"意为"最终的局面",从词义上看,这四个名词都指称了关于事情或事物发展/运动方面的特征,而在本例中,后三个事件属性名词的宿主是"过程",而"过程"的宿主没有出现,所以从语义逻辑上来说这个句子不完整。这个例句也提醒我们一个事实,属性名词不是绝对不能在定中结构中充当定语,属性名词和属性名词可以组成定中结构,本例中"过程"可以看作后三个名词的定语,组成一个定中结构,但是从语义完整的角度说,属性名词还是需要一个非属性类的名词作为它的宿主或属性值出现在上下文中。

(159) 要是我跟廉将军闹翻了,后果将会怎么样?
(160) 大臣认为,攻打楚国虽然取胜的希望很大,但如果其他诸侯国乘虚而入,后果将不堪设想。

（161）人们含着激动的泪水欢呼起来，欢呼我国运载火箭水下发射成功是全党全军全国人民为全面开创社会主义现代化建设新局面而奋斗的一声春雷！

（159）和（160）中的"后果"意为"最后的结果"，它的宿主是小句"要是我跟廉将军闹翻了"和"如果其他诸侯国乘虚而入"，指称了可能发生的事件，（160）给出了这个属性词的值"不堪设想"。（161）中的"局面"意为"一个时期内事情的状态"，它的宿主"社会主义现代化建设"，指称了社会活动，它的属性值是"新"。

例词：局势，局面（①一个时期内事情的状态），氛围，业绩，下场，年成，经济效益，后果，功劳，症结，外因，事理，内因，机理，形势（②事物发展的状况）。

- 2.1.8 动作行为属性

定义：该类属性指称运动过程中的属性。这种属性所依附的主体是运动过程，是运动过程及阶段表现出来的某种特征。如在运动过程中的方式、方法。

语义角色：主体，内容，对象。

选择限制：

在偏正结构中做中心语时，定语只能是指称表运动义的名词、动词或小句。

（162）又如蜂鸟的飞行，具有其他鸟类所没有的一种特技——倒退飞行。

（163）在雨林区，砍掉树木、兴建牧场的做法也很普遍。

（164）然而这种做法的效率极低。

（165）从海水中提取铀，将成为解除能源危机的主要措施之一。

（162）中的"特技"意为"武术、马术、飞机驾驶等方面的特殊技能"，从词义来看，它的宿主都是指称活动的词义，本例中是"飞行"，它的属性值是"倒退飞行"。（163）中的"做法"意为"处理事情或制作物品的方法"，从词义来看，它的宿主都是指称活动的词义，本例中是"砍掉树木、兴建牧场"，它的属性值是"普遍"。（164）中的"效率"

意为"单位时间内完成的工作量",从词义来看,它的宿主指称活动的词义,本例中是"做法",它的属性值是"极低"。(165)中的"措施"意为"根据某种情况而采取的某种处理办法",从词义来看,它的宿主指称活动的词义,本例中是"成为解除能源危机",它的属性值没有提及。

例词:绝技,绝活,基本功,定法,难度,作派,作法(①作文的方法),制艺,职业病,针法,招数(②比喻手段或计策),招式,招(②比喻计策或手段),战斗力,缘法,语气(①说话的口气)。

- 2.1.9 时空属性

定义:该类名词指称对象在时间和空间上的属性,如考试的日期,两个城市之间的距离,某种产品的产地等。领域式分类。

语义角色:主体,内容,对象。

例词:生辰,聘期,归期,诞辰,风土,字距,针脚(②缝纫时前后两针之间的距离),水程,疆域,家景,版图,周期(①事物在运动、变化的发展过程中,某些特征多次重复出现,其接续两次出现所经过的时间叫周期)。

- 2.1.10 其他属性

定义:不能被归入以上九类的属性名词。如表范围、程度、次序、关系等义的属性名词。

例词:交情,差距,吸引力,看头,闪光点,洞天,规模,范围(①周围界限),门(⑩生物学中把具有最基本、最显著的共同特征的生物分为若干群,每一群叫一门),类(①许多相似或相同事物的综合),干系,指标,状态,症状,政局。

- 2.2 现象

定义:该类名词指称具有一定形式,但不具有具体形态的抽象物。现象是物体运动的产物,可被观察。现象不是有目的活动的结果,它的出现和消失一般不被人的意志决定,这是现象与事件、动作、行为、活动在语义上的区别。

语义角色:主体,对象,结果。

选择限制:

不能做表主动义的动作、行为、活动义动词的结果论元,所以在主谓结构中做主语、在动宾结构中做宾语时,不能与表这些意义的动词组合。

（166）紫色的大条幅上，泛着点点银光，就像迸溅的水花。

上例中的动宾短语"泛着点点银光"，"银光"是一种光影现象，"泛"意为"透出、冒出"，指称一种非主动的运动，即无施事的运动，这个动宾结构中的宾语"银光"是主体论元，亦可出现在主语位置上，"银光"不是施事，是主体，"银光"这个现象不是由哪个施事有意识发出的，它是自然产生的，它的发生或者不发生不以某个施事的意志转移。同样，定中短语"迸溅的水花"中，中心语是定语的主体，指称了一种自然现象。

- 2.2.1 自然现象

定义：指称产生于自然界的现象。自然现象是由自然界的运动产生的，不是在社会活动中产生的。

语义角色：主体，对象，结果。

选择限制：

在定中结构中做中心语时，定语可以是指称自然物的名词，构成"来源—对象"关系。

（167）一切都隐藏起来了……一切都在太阳的最后一丝不祥的亮光下忍受煎熬。

（168）倒映在水中的石桥、楼屋、树影，还有天上的云彩和飞鸟，都被这不慌不忙的木橹搅碎……

（169）叫人怎么能抓住天上的云彩？

在动宾结构中做结果宾语时，动词可以是表非主动的产生类的动词。

（170）马路上一个水点也没有，干巴巴的发着些白光。

（171）然而很洁白，很明艳，以自身的滋润相粘结，整个地闪闪地生光。

（172）百十个腰鼓发出的沉重响声，碰撞在遗落了一切冗杂的观众的心上，……也是隆隆，隆隆，隆隆。

（170）中的"发"意为"产生；发生"，是非主动运动，"光"是结果宾语。（171）和（172）的动宾结构"生光"和"发出的沉重响声"，与（170）情况相似。

- 2.2.1.1 光影

定义：指称光和由光反射物体而产生的影子，光影是种只可以被看见的现象。

选择限制：

在偏正结构中做中心语时，定语可以是表人、表物、表运动的名词。

在动宾结构中做对象宾语时，只能与表示看义的动词组合。

例词：激光，光华，踪影，紫外线，烛光，竹影，云影，月影，月光，鱼影，荧光，叶影，雪影，星辉，星光，霞光。

- 2.2.1.2 声音

定义：指称物体振动发出的声音，声音是种只可以被听见的现象。

选择限制：

在定中结构中做中心语时，定语可以是表人、表物、表运动的名词，构成"来源—对象"关系。

（173）"可是……可是……"然而总是被别人的大笑声淹没。

（174）有翅膀在水上的拍打声，有蹼的划动而发出来的声音，还有观战者们激烈的辩论所发出的呼叫声。

（175）我听到了杰利和我父亲的声音，父亲的手电光照着我。

（176）你总听过动物的声音吧？

（173）和（174）中的定中结构"大笑声""拍打声""呼叫声"中的定语都是指称动作行为的动词。（175）和（176）中的定中结构"父亲的声音""动物的声音"中的定语是指称人和生物的名词。

在动宾结构中做对象宾语时，只能与表示听的动词组合。

（177）＊看到说话的声音；＊碰到泉鸣。

例词：预备铃，喧声，嘘声，下课铃，上课铃，杀声，鸣声，骂声，哭声，吼声，哼声，和声，喊声，狗叫声，吠声，打声，万籁，天籁。

- 2.2.1.3 其他
定义：其他不能被归入上面两类的自然现象名词。
例词：发叶，炸雷，旋流，闪电，落霞，流云，卷积云，回旋流，轰雷，高积云，浮云，飞雪，飞虹，战火，放射线，月食，天狗望月，霜冻。
- 2.2.2 社会现象
定义：指称产生和存在于社会中的现象，有一定的形式和内容。
语义角色：主体，内容，对象，结果。
选择限制：
在定中结构中做中心语时，构成"来源—对象"关系的定语不可以是指称自然物的名词。
例词：摇钱树，教益，学说，实证主义，教条（④指教条主义），怀疑主义，操作主义，表现主义，利，礼节，德，王位，王朝，天恩，商机，梅花魂，劳务。
- 2.2.3 生理现象
定义：指称来源于生物的现象，具有某种表现形式但是不具有具体的形态，包括疾病。
选择限制：
在偏正结构中做中心语时，定语可以是人、动物、肢体和器官名词，作为生理现象名词的宿主。

（178）治疗动脉硬化、脑血管硬化、冠心病、间歇性跛行、胃肠溃疡、皮肤溃疡、血栓性静脉炎、静脉曲张、肝功能障碍、肌肉萎缩、不孕、习惯性流产、性机能衰退、烧伤、冻伤、贫血以及预防衰老。

（178）中的"溃疡"意为"皮肤或黏膜组织缺损、溃烂"，它的宿主是"胃肠"（指器官）和"皮肤"（指身体的一部分）。
例词：远视眼，眼疾，眼病，心脏病，心血管病，瘟疫，胃病，糖尿病，死症，鼠疫，肉瘤，热病，皮肤病，肝病，风瘫，风湿病，风寒，肺炎。
- 2.2.4 心理现象
定义：经过外部刺激，人产生的对刺激的心理反应。这种心理反应不是可以主动控制的，这点与态度不同。

语义角色：主体，内容。

选择限制：

在动宾结构中做内容宾语时，与一般心理活动的动词组合，并且从语义逻辑上来说，动词的主语和内容宾语的宿主是同一个主体。

（179）斯科特怀着不祥的预感在日记中写道……

上例中"怀着"意为"心里存有"，指称一种非主动的心理活动，"预感"意为"事先的感觉"，动词的主体主语和"预感"的宿主都是"斯科特"。

不可在定中结构中作为定语与表人的中心语名词组合。

（180）*母爱的母亲；*乐趣的孩子。

例词：游兴，疑云，谢意，睡意，认同感，歉意，旅愁，离愁，恐惧感，戒心，感思，妒意，爱心，情，友谊，朝气，病苦，百感，爱情，疑虑，神思，情义，恩怨。

● 2.3 符号

定义：象征一定意义的社会存在。符号具有某种形态，但不具有内容，具有一定的功能意义，它所象征的功能意义通过符号本身直接表现出来。

语义角色：主体，对象。

选择限制：在动宾结构中做对象宾语时，不可与表认知心理活动的动词组合。

（181）*学习箭头；*阅读行书；*研究右括号。

在定中结构中做中心语时，可以与表示功能意义的词义组合，构成"功能—符号"关系。

（182）首先映入眼帘的是红色的修改符号和改动后增添的小字，

密密麻麻，几页纸上到处是红色的圈、钩或直线、曲线。

（182）中的定中结构"修改符号"，定语"修改"指称了中心语"符号"所代表的功能。

- 2.3.1 具体符号

定义：指称有固定形状、定指的符号。

选择限制：

在定中结构中做中心语时，可以与表外观、位置义的名词、形容词组合。

（183）一天他前去海滩，途中又饥又渴，突然看到一个金黄色的大型 M 标记。

（182）和（183）中的定中结构"红色的修改符号""红色的圈、钩或直线、曲线""金黄色的大型 M 标记"，其中的中心语"符号""圈、钩或直线、曲线"和"标记"都指称有外观无内容的抽象物，而定语部分则指称颜色、外形义。

例词：间隔号，感叹号，乘号，平行线，起跑线，起飞线，平分线，叉叉，韵尾，引号，音部，音步，省略号，三点水，句号，花押。

- 2.3.2 抽象符号

定义：用符号的功能来指称，该类符号不具备固定形状。该类名词包括语言符号、数字。

选择限制：

在偏正结构中做中心语时，不可以与表外形义的名词、形容词组合。

（184）*方形单音词；*长长的一等奖；*红色的邮政编码。

例词：外来语，外来词，叹词，述语，拼音，联语，联句，动词，代名词（①替代某种名称、词语或说法的词语），代词，陈述句，常用字，祈使句，见面礼。

- 2.4 信息

定义：指称只有内容而无具体形式的社会存在。

语义角色：主体，内容，结果。
选择限制：
在动宾结构中做内容宾语时，可与表认知心理活动的动词组合。

（185）要求 1. 熟悉法律条文。
（186）任务和要求 1. 通过各项活动，进一步激发同学们学习语文的兴趣。

（185）的"熟悉"意为"知道得清楚"，（186）的"学习"意为"从阅读、研究、实践中获得知识或技能"，都指称认知活动。
在动宾结构中做结果宾语时，动词可以是表生产活动的动词。

（187）我们共和国的缔造者草拟宪法和独立宣言的气壮山河的词句时，曾向每一个美国人许下了诺言，……

（187）的"草拟"意为"起草、初步设计"，指称生产活动，"宪法"是它的结果宾语。
在偏正结构中做中心语时，不可与表物理值的名词、形容词组合。

（188）＊方形法纪；＊红色语文。

● 2.4.1 社会规范
定义：指称在社会中制定或者长期形成的、对人的行为具有一定约束作用的制度和规范。一般没有实体形式，仅有内容。
语义角色：主体，内容，对象，结果。
选择限制：
在动宾结构中做对象宾语时，与表遵守或违反义的动词组合。

（189）但是，尊敬的法官大人，难道违背美利坚合众国的宪法是无罪的？
（190）他们有缺点有毛病，如不守纪律、爱虚荣、有嫉妒心，有的还欺负弱小同学，但孩子们所表现的更多的是闪光的美德。

（189）中的"违背"意为"不遵照，不依从"，（190）中的"守"意为"遵守、遵循"，它们的对象宾语分别为"宪法"和"纪律"。

在定中结构中做中心语的时候，可以与表地区、单位团体、机构的名词组合。

（189）中的定中结构"美利坚合众国的宪法"的定语"美利坚合众国"是国名。

例词：自治法，约，章程，条令，条例，天规，体统，体例，时俗，秦制，民俗，伦理，路规，吏治，宪法，婚姻法，法令，政策，习俗。

● 2.4.2 学科领域

定义：指称领域和学科名称的名词。

语义角色：主体，内容，对象，结果。

选择限制：

在偏正结构中做定语的时候，可以与表机构团体、职务身份的名词组合。

（191）物理学家分别为这些微小的粒子取了名字：

（192）历史学家翦伯赞如是说……

（193）大家都为初创的中国科学院近代物理研究所注入了新鲜血液而高兴。

（191）和（192）定中结构"物理学家"和"历史学家"中的"学家"是指人名词。（193）定中结构"物理研究所"中的"研究所"是指称机构的名词。

在动宾结构中做内容宾语的时候，可以与表示认知活动的动词组合。

（194）1948年到1950年赴美国普渡大学读理论物理，获得博士学位后立即乘船回国。

（195）可是华罗庚仍然坚持研究数学。

（194）中的动宾结构"读理论物理"中的"读"意为"上学"，指称认知活动。（195）中的动宾结构"研究数学"中的"研究"意为"探求事物的真相、性质、规律等"，指称认知活动。

例词：种植业，算术，摄谱学，航天，航空，仿生学，演化史，建桥史，航天史，政治，医（②医学），金融，几何（②几何学），哲学，元杂剧，宇航，渔业，邮政。

- 2.4.3 其他

定义：其他无法归入以上三类的信息。

例词：佐证，自叙传，咒语，证据，赠言，游记，咏史诗，应用文，应答题，引语，引言，引文，译文，议题，议论文，人择原理。

- 2.5 运动

定义：该类指称物体的运动。该类名词在意义上表达了与动词相同的概念。包括生物具体的、可见的、肢体上的动作，社会范围内的、带有社会性质的活动，心理活动和生理活动。

语义角色：主体，内容，对象。

选择限制：

在偏正结构中做定语时，可与表动作行为属性的名词组合。

在偏正结构中做中心语时，可与表动作行为属性值的名词、形容词组合。

- 2.5.1 事件

定义：事件是不受人主观控制而存在的运动。

语义角色：主体，内容，对象，结果。

选择限制：

在动宾结构中做结果宾语时，动词不可以是表活动的动词。

（196）发生事故；*制造事故；发生灾荒；*挑起灾荒。

在主谓机构中做主语，在动宾结构中做宾语时，动词只能是表示非主动的动词。

（197）我认识奥本海默时他已四十多岁了，已经是妇孺皆知的人物了，打断别人的报告，使演讲者难堪的事仍然时有发生。

（198）"这儿到底出了什么事？"

（199）应当有思想准备，将来他还会遇到更可怕的事。

（197）中主谓结构"使演讲者难堪的事仍然时有发生"的谓语动词"发生"意为"原来没有的事出现了"，这个动词没有施事论元，是非主动的动词。（198）中动宾结构"出了什么事"的动词"出"意为"发生"，这个动词没有施事论元，是非主动的动词。（199）中动宾结构"遇到更可怕的事"的动词"遇到"意为"碰到"，这个动词没有施事论元，是非主动的动词。

例词：抢劫案，变故，杀人案，送礼风，事故，事件，水荒，灾祸，命案，血案，世事，史事，礼遇，机密事，祸事，祸变，惨祸，磨难，幸事，新鲜事。

● 2.5.2 活动

定义：活动是由主体主动发出的运动。该类包括具体的动作行为、生理活动和抽象的人类活动。该类和"事件"类的区别在于，活动是由有施事论元的主动性动词发出的。

语义角色：主体，内容，对象，结果。

选择限制：

在动宾结构中做结果宾语时，动词可以是表动作行为、生理活动、社会活动的动词。

（200）一个一眼就可看穿的骗局，竟然畅行无阻，最终演出一场荒唐的闹剧。

（201）戏剧里，光京剧里演出"桥戏"的就不少。

（202）所以她谢了谢他们，答应了下来，接着就上床，做起了幸福的美梦。

（203）不料在举行婚礼时却横生枝节，使她不得不面对更多的磨难和考验。

（204）在仪仗队行举枪礼之后，查尔斯王子讲话。

（205）他深深吸了一口气，缓缓地举起右手，举到齐眉处，向那位跟云中山化为一体的军需处长敬了一个军礼。

（206）那鬼子向雨来横着脖子翻白眼，使劲把刀放回鞘里。

（200）中的动宾结构"演出一场荒唐的闹剧"和（201）中的动宾结构"演出'桥戏'"中的动词"演出"意为"把戏剧、音乐、舞蹈、曲艺、杂技等演给观众欣赏"，是有施事论元的主动性动词。（202）中的"做起"意为"幻想"，是有施事论元的主动性心理活动动词。（203）中的动宾结构"举行婚礼"的动词"举行"意为"进行（集会、比赛等）"，是有施事论元的主动性社会活动动词。（204）中的动宾结构"行举枪礼"的"行"意为"致敬礼，如作揖、鞠躬、举手等"，是有施事论元的主动性动作动词。（205）中的动宾结构"敬了一个军礼"的"敬"意为"立正、举手或鞠躬行礼表示尊敬"，是有施事论元的主动性动作动词。（206）中的动宾结构"翻白眼"的"翻"意为"眼珠偏斜，露出较多的眼白"，是有施事论元的主动性动作动词。

例词：问话，谈话（②用谈话的形式发表的意见），司法，牧畜，会话，购货，供水，供货，发言（②发表的意见），斗鸡，攻球，垫脚，争端，葬礼，运动会。

• 2.6 属性值

定义：属性值是属性的具体取值。属性值是属性的具体内容，属性通过属性值具体化。属性值的分类基本上和属性分类是一致的。

语义角色：主体，对象。

选择限制：

在偏正结构中做定语时以及在主谓结构中做谓语时，可与表属性的名词组合，构成"属性—属性值"语义关系。

• 2.6.1 数量值

定义：指称数量，主要是数词和量词。该类包括表示确数、概数、量词的名词。

例词：单元，七七，一线，一幕，一代，一程，一头，上册，七寸，回合，分毫，点儿，道儿，咫尺，系列，少数，高分，多种，多数，大群，大多数。

• 2.6.2 物理属性值

定义：指称对象的具体的物理属性。

选择限制：

在偏正结构中做定语时以及在主谓结构中做谓语时，可与表物理属性的名词组合。

（207）我每天看到的都是黑颜色。

（208）过了一会儿，斑羚群渐渐安静下来，所有的眼光集中在一只身材特别高大、毛色深棕油光水滑的公斑羚身上，似乎在等候这只公斑羚拿出使整个种群能免遭灭绝的好办法来。

（209）可是这种星星的物质，密度特别大，火柴头那么大的一点点就抵得上十多个成年人的重量。

（207）中的定中结构"黑颜色"，"颜色"指称物体的颜色属性，是物理属性的一种，"黑"指称具体的颜色，这个定中结构是"属性值—属性"语义关系。（208）中的主谓结构"毛色深棕"，"毛色"意为"皮毛的颜色"，指称外观方面的物理属性，"深棕"指称具体的颜色值，这个主谓结构是"属性—属性值"语义关系。（209）中的主谓结构"密度特别大"，"密度"意为"物质的质量和体积的比值，即物质单位体积的质量"，指称了一种物理属性，谓语"大"是它的具体取值，这个主谓结构是"属性值—属性"语义关系。

在定中结构中做定语，表中心语的某种具体属性时，仅可与表具体物的名词组合，构成"属性值—宿主"语义关系。

（210）你想，世界上哪有红色的竹？
（211）大水法的拱形石门，依然卷着波涛。
（212）它们的茎叶里涌动着苦味的乳白色的浆汁，它们的根须在春天被人们挖去当野菜。

（210）的定中结构"红色的竹"，定语"红色"指称具体的颜色，中心语指称植物，是定语的宿主。（211）的定中结构"拱形石门"，定语"拱形"指称具体的形状，中心语指称建筑物，是定语的宿主。（212）的定中结构"苦味的乳白色的浆汁"，定语"苦味"指称具体的味道，"乳白色"指称具体的颜色，中心语指称液体，是定语的宿主。

不可与除了属性、符号类的表抽象物的名词组合。

（213）＊红色的名字；＊高压心情；＊甜味新闻。

例词：弧，鱼味，血腥味，铜制，檀香味，书香，声律美，清香味，泥胎，木质，墨香，硫磺味，柠檬黄，鸟形，糊状，大写（①汉字数目字的一种笔画较繁的写法），高压（①较高的压强），高压（②较高的电压），惰性（②不想改变生活和工作习惯的倾向（多指消极落后的））。

● 2.6.3 生理属性值

定义：指称对象的具体的生理属性值。

选择限制：

在偏正结构中做定语时，修饰生物类名词。

（214）金黄色的麦穗中站着许多青年男女，他们一会儿望望火红的天空，一会儿你看看我，……

（215）不过，本文例举的美、德兼备者都是男性帝王。

上面两例的定中短语"青年男女""男性帝王"中的定语"青年"指称了人的年龄属性值，"男性"指称了人的性别属性值，这两个定中短语都是"属性值—宿主"语义关系。

例词：怯色，惧色，花甲，奴颜，奴才相，大家风范，大家风度，男性，稚气，削肩膀，穷酸气，平头，蓬头，怒色，丽姿，冷面，苦相，可怜相，绝色。

● 2.6.4 心理属性值

定义：指称对象的具体的心理属性值。

选择限制：

在主谓结构中做谓语，或在定中结构中做定语时，与表心理属性的名词组合，构成"属性—属性值"关系。

（216）宋江的"忠义"思想在梁山上有着相当广泛的群众基础，……"忠心报答赵官家"的思想。

上例的定中短语"忠义思想"的"思想"，指称了人的心理属性，这个短语是"属性值—属性"语义关系。

在偏正结构中做定语时，修饰指人名词，构成"属性值—宿主"语义关系。

(217) 这以后，横竖是下水船，比较消闲，热心肠的船家必然会指点着江山，一路告诉你那些山的来历。

(218) 老头奇怪地打量着这神经质的女人。

(217) 的定中短语"热心肠的船家"的"热心肠"意为"待人热情，做事积极热心"，指称了人的心理属性值，这个短语是"属性值—宿主"语义关系。(218) 的定中短语"神经质的女人"的"神经质"意为"指人神经过敏、胆小怯懦、情感容易冲动的气质"，指称了人的心理属性值，这个短语是"属性值—宿主"语义关系。

例词：世故，仁，性灵，神经质，宽仁，义勇，善心，热心肠，假意（①虚假的心意），好性儿，好心，痴心（①沉迷于某人或某种事物的心思），忠义（②旧指忠臣义士），志愿（①志向和愿望）。

- 2.6.5 社会属性值

定义：指称对象的具体的社会属性。

选择限制：

在偏正结构中做定语，与中心语名词构成"属性值—宿主"关系时，可修饰的中心语名词是跨类的，这点与社会属性类名词相同。

例词：女权，华裔，荷裔，今本，奴隶制，民主制，凡俗，栋梁，优势，强权，吉日，非现实，典型（①具有代表性的人物或事件），典范，大过，榜样。

- 2.6.6 内容值

定义：指称内容的属性值。该类属性值的宿主是有内容的事物，如作品、信息。

选择限制：

在偏正结构中做定语，修饰作品名词和信息名词。

(219) 跟着我去踩田圃的泥土将润如油膏，去看牧场……听听溪水练习新编的洗衣谣。

(220) 您同中国人民一起参加了抗美援朝斗争，……为提高英文版《毛泽东选集》的出版质量，作出了可贵的贡献。

以上两例中的定中结构"新编的洗衣谣" "英文版《毛泽东选

集》",中心语分别指称信息和作品。

例词：志人，志怪，对话体，语录体，英译，意译，意识流，五言，纪传体，黄伞格，孩儿体，国别体，编年体，笔记体，八股，自传体。

- 2.6.7 动作行为属性值

定义：指称对象的具体的动作行为属性。包括动作、行为、社会活动、智能活动等。

选择限制：

可做状语修饰动词，构成"方式—运动"语义关系。

(221) 季明在安史之乱中义不降贼，举家殉国。
(222) 你立定呆呆地看三分钟，便觉得自然的伟大，使你再不敢正眼去看。
(223) 听说电视台今晚要实况转播足球赛，宁宁高兴极了。
(224) 只有二福来了个单臂倒立，别人都没拿出新鲜招儿。

(221) 的状中结构"举家殉国"中"举家"意为"整个家庭"，它指称了"殉国"这一行为的方式，构成"方式—运动"语义关系。(222) 的状中结构"正眼去看"中，"正眼"意为"端正的眼神，是一种重视或尊重的表情"，这个短语的意思是"用正眼的方式看东西"，状语名词都指称了中心语动词的运动方式。(223) 的状中结构"实况转播"中，"实况"意为"现场的实际情况"，这个短语的意思是"以播送现场实际情况的方式转播"，状语名词都指称了中心语动词的运动方式。(224) 的状中结构"单臂倒立"，"单臂"意为"一只胳膊"，这个短语的意思是"用一只胳膊倒立"，状语名词都指称了中心语动词的运动方式。

例词：顺手，举家，超音速，归谬法，动感，骈，家传，法术，平仄，比兴，异读，单打，主客观，正眼，正手，仄声，阴平，阳平，同向，通感。

- 2.6.8 其他属性值

定义：所有无法归类到以上七类的属性值名词。

例词：历年，同机，绝粮，和棋，饱腹，食肉目，旅程，卿卿，苦楚，吉，福（①幸福；福气（跟"祸"相对）），字面，课内外，因果关系，翼手目，奴种，水患。

●2.7 统称

定义：该类名词指称一个群体性概念，是对共同具有某种特征的事物的指称。

例词：废物，万物，事物，文化（①人类在社会历史发展过程中所创造的物质财富和精神财富的总和，特指精神财富，如文学、艺术、教育、科学等），六合，处所，场所，世界（①自然界和人类社会的一切事物的总和），世界（②佛教用语，指宇宙），凡事，天下（①指中国或世界），现代文明，物质文明，精神文明，高新科技，层面（②方面）。

●3 时间

语义角色：主体，对象，时间。

●3.1 具体时间

定义：表示具体的时间，不需与其他名词组合，即可表示一个绝对时间。包括指称一般的时间词、节日、节令、年号、朝代的名词。

选择限制：

时间名词可以组成定中结构，表达更加具体的时间。

(225) 从宣统元年到现在，我再没有回过一次家，只在民国八年，我曾经把父亲和母亲接出来。

(226) 然而，就是他视为生命的四分秋田，在一个星期天的早上，还是被扫荡一空。

以上两例中的定中结构"宣统元年""民国八年""星期天的早上"，定语和中心语都是表时间的名词，定中结构表达了在定语词义的基础上更加具体详细的时间义。

在定中结构中做定语时，可与表人名词组合，构成"年代—人物"语义关系。

(227) 因此，以赵孟頫为代表的元代书家群体的出现，及其追求二王书法的艺术实践……

(228) 我是前清的秀才，民国初期的同盟会员，也是与主席一道发起组织中国共产党的老党员……

以上两例中的定中结构"元代书家群体""前清的秀才""民国初期的同盟会员",中心语都是表人的名词,定语都指称了人物所在的年代。

在偏正结构中做定语或状时,可与表事件、表运动的成分(名词、小句等)组合,构成"发生时间—事件/活动"语义关系。

(229)难忘啊,1961年的泼水节!
(230)〔沈佩贞〕浙江杭州人,辛亥革命时组织"女子北伐队",民国初年曾任袁世凯总统府顾问。

以上两例中的定中结构"1961年的泼水节"和状中结构"民国初年曾任袁世凯总统府顾问""辛亥革命时组织""女子北伐队",中心语都是表事件的名词和小句,定语和状语都指称了事件所发生的年代。

可做独立语。

(231)星期天,法国学生回家度假,外国学生到各地游玩,徐悲鸿却带着画夹到巴黎郊外去写生。
(232)1992年9月21日,党中央决定实施载人航天工程。

例词:立夏,植树节,泼水节,被难日,同治,太荒,七七,民国,夏,三伏,秋分,秋,冬,春,清明,正午点,元代,星期日,星期六,夏季。

- 3.2 相对时间

定义:指称需要相对于某个参照点的时间概念,如果没有参照点,无法确定相对时间所指称的具体时间。

选择限制:

在偏正结构中做中心语时,与表具体时间的名词组合,以表达具体的时间概念。

(233)隋朝开皇十五年至大业元年(595—605年)建。
(234)可是,他也看不起我,当晚动身到南方去了。

(233)中的定中结构"大业元年",中心语"元年"意为"帝王或诸侯即位的第一年或帝王改元的第一年",指称了不确定的时间概念,定语"大业"则使得"元年"指称的时间概念具体化。而(234)中的"当晚",由于没有定语的约束,所以无法知道具体是什么时间,只知道是某天晚上。

例词:转折点,双休日,生前,起初,开放日,纪念日,观潮日,产假,农耕社会,休息日,有顷,夜(①从天黑到天亮的一段时间),须臾。

- 3.3 时间单位

定义:表示时间量词的名词。

选择限制:

与数量词组合构成定中结构表示时间量。

(235) 它们对这道菜吃得津津有味,以至于两三个星期间,……

(236) 那是二十四小时中最可爱的一个小时,"白天已将它炽热的火耗尽"……

以上两例中的定中结构"两三个星期""二十四小时""一个小时",定语都是数词或数量词,整个结构的意义表达了时间段概念。

例词:公元,月份,学期,学年,时分,年度,年代(①时代;时期;时间(多指过去较远的)),年代(②每一世纪中从"……十"到"……九"的十年),季度,昼夜,钟点(①指某个一定的时间),钟点(②小时;钟头),时辰(①旧时计时的单位),年月(①时代;年头儿),年月(②日子;岁月)。

- 4 空间

定义:表示空间概念的词语。

语义角色:对象、处所。

选择限制:

在动宾结构中做对象宾语时,可以和表示移动和趋向的动词组合。

- 4.1 处所

定义:该类名词指称了除了建筑物、天文、地理的空间事物。领域式分类。它与建筑物的区别在于处所不是被建造的,与机构的区别在于处所不具备社会功能，与地理名词的区别在于处所不是自然产生的，处所名词不需要与其他词语组合就可以做处所论元。

语义角色：主体、对象、处所。

例词：主考席，包围圈，染色区，出气孔，接缝，夹缝，永生地，居住地，发生地，统治区，通都大邑，所在地，买卖街，解放区。

● 4.2 方位

定义：指称方向位置，表达相对空间概念。方位需要有一个参照点才能表示具体空间。

选择限制：

在偏正结构中做中心语时，不可以和数量词组合。

在偏正结构中做中心语时，可以和建筑物、场所、地区、处所名词组合表示具体空间概念。

（237）当我躺在土地上的时候，当我仰望天上的星星，手里握着一把泥土的时候……标直漂亮的白桦树在原野上呻吟。

上例的定中结构"土地上""原野上"都指称空间概念，定语是地理物概念。

可以与指称具体物的名词组合，构成指称空间概念的短语。

（238）这几天，我连日到船上去，我把我所能取到的东西都搬下来。

（239）做好了坟堆后，老妇人就从她那黑色的大围巾底下，摸出她离开地窖的时候揣在怀里的东西……

上两例的定中结构"船上""坟堆后""围巾底下"都指称空间概念，定语是表人工物概念。

例词：梢，上，口（④容器通外面的地方），口（⑤出入通过的地方），对面（①对过儿），对脸（①对过儿），对过，中心点，一端，末段，两端，端点，顶端。

● 4.3 空间单位

定义：指称空间量词。（无例词）

选择限制：

在偏正结构中做中心语时，可与表地名、国名的名词组合。如：朝阳区；上海市；江苏省；高家村。

在偏正结构中做中心语时，可与数量词组合。如：美国有五十个州；五大洲，四大洋。

第三节 小结

本章我们用句法功能、语义角色和语义选择限制三个特征描写了名词义类体系。定义过程中发现三种特征对定义名词义类的作用是不同的，句法特征不具普遍性作用，仅能定义"2.1 属性"类名词，在定义其他名词义类时只是提供语义组合关系的框架。语义角色和语义选择限制的作用比较大，语义角色对大类定义作用明显，语义选择限制对小类定义有效。名词义类总共有四大类：1 具体名词、2 抽象名词、3 时间和 4 空间。每个大类下分若干小类，1 具体名词和 2 抽象名词的子类层次较多，最多达到 5 层，大部分名词义类集中在第三层和第四层。由于只有叶子节点才作为标注义类的标记集，所以共有 97 个名词义类被标注到语料库中，我们共填写了 25517 个名词词条。

第四章

汉语词汇义类体系的定义（下）：动词、形容词部分

本章有两个内容，首先是建立动词和形容词义类体系，然后根据我们在建立名词、动词和形容词义类体系过程中的经验，总结建立义类体系的难点。

动词、形容词义类的定义特征与名词义类一样，使用句法功能、语义角色和语义选择限制三类特征。对于动词来说，要描写它的论元结构，需要指明论元的语义角色和位置；对于形容词来说，它不能充当语义角色，论元结构也不明显，所以这个特征基本无法在形容词分类中发挥作用。

第一节 动词义类体系

动词现有3个大类，37个小类，共39个义类标记，最深处达到第四层，义类集中于第三层。目前已人工标注15920条动词词条。

1 自主变化
1.1 过程
——1.1.1 存现
——1.1.2 位移
——1.1.3 变化
1.2 状态
——1.2.1 境遇
————1.2.1.1 情绪
————1.2.1.2 生理状态
————1.2.1.3 其他境遇
——1.2.2 自然现象
——1.2.3 一般状态
——1.2.4 运动
1.3 经历
——1.3.1 经历
——1.3.2 感知意向
——1.3.3 所有
——1.3.4 影响
——1.3.5 产生
2 关系动词

3 行为活动
——3.1 自动行为
————3.1.1 人自动行为
————3.1.2 社会行为
————3.1.3 位移
————3.1.4 一般自动行为
——3.2 对象行为
————3.2.1 人对象行为
————3.2.2 一般对象行为
——3.3 社会活动
————3.3.1 予取
————3.3.2 交际
————3.3.3 生产
————3.3.4 其他
——3.4 心理活动
————3.4.1 认知
————3.4.2 一般心理活动
4 能愿

根据柏晓鹏、林进展（2008）二人的研究，我们发现汉语动词的论元结构对词义有很大影响，而纯粹的句法功能并不能很好地区分词义。所以对于动词的词义分类，论元结构是很重要的工具。在考虑论元结构的基础上，我们使用选择限制使得义类尽量细分。

一　句法功能对于动词分类的作用

对于动词分类，我们在"主语+谓语动词+宾语"这个典型的动词句法结构中考察不同动词义类之间的区别。大部分动词义类的区别无法通过动词的句法功能表现出来，只有"1.2 状态"，从句法功能上来说，该类动词都是无法带宾语的动词。我们认为，是否能带宾语是一个非常重要的句法功能，对词义是有很大影响的。根据在标注词表时的经验，绝大部分不能带宾语的动词，都可以解释为某种持续发生的状态，故所有不带宾语的动词基本都归入"1.2 状态"类中。这并不是说除了"1.2 状态"外，动词的句法功能对划分动词义类就完全没有作用，对于某些小类，它们与其他动词义类之间还有一些句法功能上的区别，我们将在动词义类详解中说到。

二　论元结构对于动词分类的作用

动词的论元结构是指动词可带的论元数量和论元类型，根据不同的需要，动词的论元结构可能会不同。我们只考虑在"主语+谓语动词+宾语"结构中动词的论元结构。表 5 描写了 10 个名词可充当的语义角色，那么在我们考察的"主语+谓语动词+宾语"结构中，理论上动词可以有 90

(10×9)种论元结构,而从所带论元的普遍性和分析的简便性出发,我们仅考虑主语位置上出现主体、施事、与事,宾语位置上出现其他论元的情况。从动词主语的论元类型,我们把所有动词分为三类:"1 自主变化",仅可带主体主语;"2 关系动词",仅可带与事主语和与事宾语;"3 行为活动",可带施事主语。根据宾语位置上的论元类型,"1 自主变化"分出两个子类:"1.1 过程",其宾语的论元类型是处所、结果;"1.3 经历",其宾语的论元类型是受事、对象、内容等。类似的,"3 行为活动"下有两个子类,分别是"3.2 对象行为"和"3.3 社会活动",前者的宾语论元类型为受事,而后者不是。"3.3 社会活动"下有三个子类:"3.3.1 予取",宾语的论元类型是对象;"3.3.2 交际",宾语的论元类型是内容;"3.3.3 生产",宾语类型是结果。

三 语义选择限制对于动词分类的作用

与名词类似,选择限制在子类划分上起到了不少作用。根据主语的语义特征,"1.2 状态"下分为四个子类:"1.2.1 境遇",主语只能是指人名词;"1.2.2 自然现象",主语只能是自然物名词;"1.2.3"一般状态,主语不限。"3.2 对象行为",也是根据主语的语义特征分出两个子类:"3.2.1 人对象行为",主语只能为指人名词;"3.2.2 一般对象行为",主语不限。

四 动词义类详解

- 1 自主变化

定义:自主变化动词指称的运动不是由主语主动发出的。
论元:主体主语。

(240) 谋害隐鼠的怨恨,从此完全消灭了。
(241) 我的发现起始于梦中飞行。

(240)中的"消灭"意为"消失;灭亡",这个动词所指称的运动不是由主体主动发出的,即这个动词没有施事,该例中,主体是"怨恨",它的消失不是它主动发出的,而是自身运动的结果。如果说"怨恨"是"消灭"的施事,则认为"怨恨"是有意识地消失的,这很难让人理解。(241) 中的"起始"意为"(从某时或某地) 开始",与例236一样,这个动词所指称的运动不是由主体主动发出的,是主体自身运动的结果。

● 1.1 过程

定义:过程动词指称的运动不对其他事物及宾语指称的事物产生影响,宾语指称的事物不会因为该类动词指称的运动而变化。

论元:主体主语,处所主语,处所宾语,结果宾语。

(242) 天上挂什么云,就将出现什么样的天气。
(243) 要不是老朋友,我早就把电话挂了!⋯⋯

(242) 中动词"挂"的意思是"物体表面蒙着、糊着",主语"天上"不是动词"挂"的发出者,而是处所,宾语"云"不是动词"挂"的受事,"挂"在这个上下文中只表示有云在天上,宾语"云"没有受到动词"挂"的影响而变化。(243) 中动词"挂"的意思是"把话筒放回电话机上使电路断开",主语"我"是动词"挂"的发出者,是施事,"电话"是动词"挂"的受事,"电话"没有受到动词"挂"的影响而变化:它的电路被切断无法继续通话了。

● 1.1.1 存现

定义:存现动词的主体由于动词指称的运动而从无到有地出现。

句法功能:

该类动词的主语和宾语有一些句法上的变换,它可以不带宾语,只有一个主体主语。

(244) 没过多久,一条干干净净的小路又出现了。

(244) 中"小路"是主语,"出现"是谓语动词。

可以以一个处所作为主语,而主体出现在宾语位置上。

(245) 暮色苍茫,天上出现了星星,悬崖下面的大地越来越暗。

上例中,"天上"表处所做主语,而"星星"是动词"出现"的主体,做宾语。

主体在主语位置上,动词通过介词接一个处所宾语。

(246) 像一个巨人出现在亚洲平原之上……

上例中,"巨人"是主体主语,动词"出现"通过介词"在"接了一个处所宾语"亚洲平原之上"。

以上提及的这几种变换在语义上是相等的,表达的同一个意思。

比如,例(244)可以做这样的变换:

小路又出现了。主语"小路"可移至宾语位置,主语位置上放表处所的名词:

山上又出现了小路。这个句子中的主宾语亦可变换位置:

小路又出现在山上。

例词:起水,落地(②指婴儿刚生下来),显隐,问世(①指著作等出版跟读者见面),问世(②泛指新产品等跟世人见面),开头(①事情、行动、现象等最初发生),发轫,出土(②从土里生长出来),出土(①(古器物等)被从地下发掘出来)。

- 1.1.2 位移

定义:位移动词的主体由于动词指称的运动而发生位置的移动。
论元:主体主语,处所宾语。
句法功能:
可带处所宾语。

(247) 长空的大风经过这里,停下了脚步。

处所宾语可以用介词提到动词前面同介词组或介宾短语做状语。

(248) 10 岁,乘汽车从北大校门口经过。

可以不带处所宾语。

(249) 更兼单身客人,亦不敢独自经过。

这几种变换在语义上相等。

如例（248）中：

乘汽车从北大校门口经过。介词后的处所短语可以移至动词的宾语位置：

乘汽车经过北大校门口。处所宾语可以省略：

乘汽车经过。

例（249）中：

单身客人亦不敢独自经过。可以用介词与表空间方位的名词连接，作为动词的状语：

单身客人亦不敢独自从那里经过。表空间方位的名词可移至动词的宾语位置：

单身客人亦不敢独自经过那里。

例词：经过（①通过（处所、时间、动作等）），通过（①从一端或一侧到另一端或另一侧；穿过），靠拢，靠近（②向一定目标运动，使彼此间的距离缩小），进入，走上，走入，走近，走进。

• 1.1.3 变化

定义：主体由于动词指称的运动发生变化。这种变化是主体或主体的一部分产生的变化。

论元：结果。

句法功能：

可带结果补语。

（250）我们知道，树木的根部从土壤中吸收水分，又通过叶子把水分蒸发到空气中去。

上例的动补结构"蒸发到空气中去"，"到空气中去"是结果补语。

可带结果宾语。

（251）试从其他学科的教科书，或通过其他途径，搜集从猿进化到人的资料，完成下边的人类起源、进化表。

上例的动宾结构"进化到人"，"人"是结果宾语，这个宾语是主体主语"猿"自身变化的结果：猿通过进化这一过程，其自身变成了人，而不是使其他的生物变成了人。

结果宾语可以提到动词前面成为主体，或者可不带宾语。

（252）是头上的汗水在那里蒸发吧？

（252）的主体主语"汗水"可以放到动词"蒸发"之后成为结果宾语；而（249）中的动词"蒸发"则不带宾语。

这几种变换在语义上相等。

如例（250）中：

通过叶子把水分蒸发到空气中。介词"把"的宾语可以提前作为主语：

水分通过叶子蒸发。主语亦可移至动词的宾语位置上：

通过叶子蒸发水分。

例（251）中：

猿进化到人。可以省略宾语：

猿进化了。

例词：进化，聚焦（①使光或电子束等聚集于一点），蒸发（①液体表面缓慢地转化成气体），消散，消融，汇合，耗散，变作，变为，变得，变成，降低，趋向（①朝着某个方向发展）。

- 1.2 状态

定义：指称由于运动造成的某种持续的状态，这种运动及状态不对主体之外的事物产生作用，该类动词不指称正在进行中的运动。

论元：主体。

句法功能：

不可带宾语。

（253）温迪自幼酷爱画马，她的作品屡屡获奖。

上例的动词"获奖"意为"得到、获得奖项"，一个人获奖后就会一直处于获奖的状态，除非奖被取消，但是获奖本身这个活动已经结束了，不能延续。所以它不能带宾语。

有的状态动词可以充当定语。

（254）我打开一看，里面有这次征文比赛获奖的20篇作文。

（254）中的定中结构"获奖的20篇作文"，以状态动词"获奖"为定语，修饰"20篇作文"。
- 1.2.1 境遇

定义：指称人的状态。
选择限制：
主体主语是指人名词。
不可带"着"表示正在进行。

（255）孩子一下愣住了。

（255）中的"愣住"的主语不能是动物。
- 1.2.1.1 情绪

定义：指称人的心理状态，是经历事情后心理被动产生的状态。
句法功能：
不可带"着"表示正在进行。
选择限制：
主体主语是指人名词，也可以是心理属性名词。

（256）我们这些孩子，什么都觉得新鲜，常常又什么都不觉满足。
（257）精神上感到满足自在时，它们可以闪闪发光，转眼又因忧郁而黯然失色，罩上阴云，顿生凄凉，显得麻木不仁，神秘莫测。

以上两例的动词"满足"的主语是"孩子"，指人名词，"精神"，指心理属性名词。情绪动词"满足"的产生是由于主语经历了某些事情后心理被动产生的，如果没有经历事情，是不会无缘无故感到"满足"或其他情绪的。

例词：敬业，醉心，有感，想家，息怒，无怨，无愧，无悔，死心，起敬，领情，乐业，宽心，开怀，静心，介意，解气，解恨。

- 1.2.1.2 生理状态

定义：指称生物的生理活动导致生物所产生的某种状态，生理状态是生物体所特有的状态。

句法功能：

不可带"着"表示正在进行。

选择限制：

主体主语是指人名词，也可以是指肢体、器官等生物部分。当主体主语是生物部分的时候，这个主体主语可以换成生物名词的宿主名词。

（258）它不得不假装受伤来救自己的孩子，多么勇敢的妈妈！
（259）等我醒来，发现自己头部受伤了。

以上两例的动词"受伤"的主语是"它"，指动物名词，以及"头部"，指肢体名词。由于"头部"是生物的一部分，所以也可以作为生理状态动词的主体主语，而且"头部"可以换成宿主名词"自己"，表达的意义不会改变。

例词：无力（②没有气力），打喷嚏，打鼾，打哈欠，打盹，打战，喘气（①呼吸；深呼吸），掉泪，发热（②体温增高），做梦（①睡眠中因大脑里的抑制过程不彻底，在意识中呈现种种幻象），做梦（②比喻幻想：白日~），作古。

- 1.2.1.3 其他境遇

定义：指称其他无法归入以上两类的表境遇的动词。

例词：开眼，翻身（③比喻改变落后面貌或不利处境），等死，失声（①不自主地发出声音），失声（②因悲痛过度而哽咽，哭不出声来），失色（②因受惊或害怕而面色苍白），失口，见鬼（①比喻离奇古怪）。

- 1.2.2 自然现象

定义：指称自然界运动导致的状态，这种状态的主体是自然物和天文地理各种自然现象等。

句法功能：

不可带"着"表示正在进行。

选择限制：

主体主语是自然物名词或自然现象的名词。

（260）一是自秦朝以后，黄土高原气温转寒，暴雨集中。
（261）有了太阳，地球上的庄稼和树木才能发芽，长叶，开花，结果。

例词：结冰，降温，放电，放晴，天亮，盛开，交辉，澎湃，辉映，转寒。

- 1.2.3 一般状态

定义："1.2.1 境遇"的主语是人或者生物，"1.2.2 自然现象"的主语是自然物或自然现象，而该类动词的主语则不限于这几类，或者是跨类的，所以不属于以上几类的状态动词都属于该类。

例词：弱化，多音化，多样化，僵化，冲天，无力（①没有力量（多用于抽象事物）），成功（①获得预期的结果（跟"失败"相对）），防水，防腐，合拍（②在一起拍照（相片）），触礁（①船只在航行中碰上暗礁），作废，醉人（②使人陶醉），着陆。

- 1.2.4 运动

定义：该类动词指称事物处于运动中的状态。
句法功能：
可以后带"着"。

（262）我轻轻地摇动它快要脱落的乳牙。

（262）中的动词"摇动"表示正在运动，也可以后接"着"。

（263）他的手指在琴弦上不停地滑动着，流水月光都变成了一个个动人的音符。

例词：翻卷，充电（①把直流电源接到蓄电池的两极上，使蓄电池获得放电能力。也泛指用其他方式补充电能），摇动（②摇摆），拉伸，飞扬（①向上飘起），翻腾（①上下滚动），转悠（①转动），飘忽（①（风、云等）轻快地移动），飘忽（②摇摆；浮动），流动（①（液体或气体）移动），流通（①流转通行；不停滞）。

- 1.3 经历

定义：该类动词指称的运动对事物产生作用。

论元：主体，对象，内容，受事，结果。

- 1.3.1 经历

定义：从语义逻辑上说，该类动词指称的运动是宾语通过动词对主语产生影响。如对遭受义动词来说，遭受义动词的主语受到宾语的影响。

论元：对象主语，主体宾语。

（264）一般人认为共济会员具有自由思想，不拘泥一般的社会习俗和礼节。

（265）螳螂希望在战斗未打响之前，就能让面前的敌人因恐惧心理而陷于不利地位，达到使其不战自败的目的。

（264）的动词"拘泥"的主语"共济会员"在语义逻辑上是受宾语"社会习俗和礼节"的影响。（265）的动词"陷于"的主语"敌人"在语义逻辑上是受宾语"不利地位"的影响，从而"不战自败"。

例词：历时（①（事情）经过时日），植根，无助于，加热，跻身，拘泥（①固执），奉命，奉令，逢场，处身，加速（②使速度加快），感光，说不上（①因了解不够、认识不清而不能具体地说出来），通过（④征求有关的人或组织的同意或核准）。

- 1.3.2 感知意向

定义：该类动词指称的是人的感觉和态度，这种心理活动不是主动的，而是受到外界刺激后人被动产生的心理反应。如"老鼠怕猫"，主语"老鼠"是动词"怕"的发出者，但不是主动发出者，"老鼠"不能自主决定"怕猫"或者"不怕猫"，"老鼠怕猫"是由于老鼠天性对猫有一种天然的不受控制的意向。

论元：主体，内容，对象。

选择限制：

主体主语可以是指人、指动物的名词，亦可以是"心里"这样的虚拟空间名词。

（266）我是多么想念我的蔡老师啊！

（267）我便是欢喜这片绿影才选定这房间的。

（268）可怜的小蝗虫害怕极了，怯生生地伏在原地，不敢发出半点声响。

例词：怀疑（①疑惑；不很相信），担心，操心，抱怨，有志，得出，信不过，向往，清楚（③了解），乐于，看轻，看好（②认为（人或事物）将要出现好的势头）。

- 1.3.3 所有

定义：该类动词指称的是主体和宾语的所属关系，这种所属关系可以是从没有到有，如"获得"，也可以是从有到没有，如"失去"。该类动词的主体不是主动地获取对象所指的事物，该类动词指称的是主体对对象的静态的所有关系。如"这场空战，敌人损失了五架飞机"，主体主语"敌人"和宾语对象"飞机"所有关系是从有到无，这种所有关系的改变不是由于主语的主动运动而发生的，这个句子中的主语不是动词的施事。

（269）那是"玛丽"号，一艘装有螺旋桨推进器的大轮船，它从敖德萨启航，船上载着 500 吨小麦，行驶速度非常快，负载又特别大。

（269）动词"装有"的主体主语是"'玛丽'号"，对象宾语是"螺旋桨"，"螺旋桨"属于"玛丽号"，但是"玛丽号"不是主动"装有""螺旋桨"，"装有"表示所有关系；动词"载"的主体主语是"'玛丽'号"，对象宾语是"500 吨小麦"，"小麦"属于"玛丽号"，但是"玛丽号"不是主动"载""小麦"，"载"表示所有关系。

论元：主体，对象。

例词：抱有，装有，有着，失却，失去，失掉（①原有的不再具有；没有了），失掉（②没有取得或没有把握住），染上，配有，留有，患有，丢失，富于。

- 1.3.4 影响

定义：该类动词指称的运动对宾语产生影响，宾语因此发生某些变化。

论元：主体，受事。
句法功能：
在动宾结构中带受事宾语，受事宾语也可作为动词的受事主语。

（270）而近几十年来，由于水土流失，泥沙淤积，生态环境遭受严重破坏，黄河又出现了严重的缺水断流和水污染等新的问题。
（271）大自然每一次剧烈的运动，总要破坏和毁灭一些什么。

（270）中的"破坏"意为"（物体的组织或结构）损坏"，它的受事主语是"生态环境"，这个受事宾语亦可处于受事宾语的位置上：泥沙淤积，严重破坏生态环境。（271）中的"破坏"的受事宾语是"一些什么"，这个受事宾语亦可处于受事主语的位置上：大自然每一次剧烈的运动，一些什么总要被破坏和毁灭。

例词：冲淡（②使某种气氛、效果、感情等减弱），使得，破坏（⑤（物体的组织或结构）损坏），截断（②打断；拦住），撑住，勾住，震撼，照耀，冲掉，吸收（①物体把外界的某些物质吸到内部，如海绵吸收水，木炭吸收气体等）。

- 1.3.5 产生

定义：主体主语通过该类动词指称的运动使得宾语从无到有。
论元：主体主语，处所主语，结果宾语。

（272）不光是动作奇特，它还会发出一种声音。
（273）梧桐树浓密的枝叶里，突然发出哀鸣似的短促而尖锐的叫声。

（272）中主体主语"它"通过动词"发出"产生宾语"声音"，"声音"本是不存在的，是由动词"发出"指称的运动产生的。（273）中处所主语"梧桐树浓密的枝叶里"通过动词"发出"产生宾语"叫声"，"叫声"本是不存在的，是由动词"发出"指称的运动产生的。

例词：组成，转为，散出，积成，达成，产生，迸出，发出（①发生（声音、气味等）），燃起，迸散，生出，射出，映出，生成（①（自然现象）形成；经过化学反应而形成；产生）。

第四章　汉语词汇义类体系的定义（下）：动词、形容词部分

●2 关系动词

定义：该类动词指称的是某种逻辑关系，而不是运动，由于理论上任意事物都可以产生某种关系，所以这类动词对主语和宾语的约束并不明显，所以不再下分子类。

论元：与事。

例词：比方（③比如：郊游的事情都安排好了，~谁带队、谁开车，等等），似镜，比美，有关（①有关系：~方面｜~部门｜这些问题都跟哲学~），有关（②涉及：他研究了历代~水利问题的著作），无关，无干，连线，等价，同韵。

●3 行为活动

定义：该类动词指称由主语主动发出的运动，该类动词与另两类动词的区别在于有施事论元。

论元：施事。

●3.1 自动行为

定义：该类动词是一价动词，指称的运动不对其他事物产生影响。

论元：施事。

句法功能：

不能带受事、结果宾语。

（274）在星的怀抱中我微笑着，我沉睡着。

上例的动词"微笑"是主语"我"有意识主动发出的，"我"是施事主语，而"微笑"是不及物动词。

●3.1.1 人自动行为

定义：该类动词指称的运动有两个特征：第一，指称的是具体的，由人发出的动作行为，这种动作行为是可被观察的，有一定的具体形式，如"蹲""躺"，是可以由肢体发出的动作行为；第二，该类动词指称的运动不对宾语产生作用，即没有受事、结果论元。

论元：施事，处所，对象。

选择限制：

施事主语是指人名词。

（275）父亲神色很狼狈，低声嘟囔着……

上例中"父亲"是动词"嘟囔"的施事主语，但是表动物的名词，如"狗""猪"是不可以"嘟囔"的。

一般可被表动作行为属性值的名词、形容词修饰。

（275）中的状中结构"低声嘟囔"中的状语"低声"指称中心语动词的方式。

例词：开门，放手（①松开握住物体的手），摇船，洗脚，提步，盖印，跳绳（①一种体育活动或儿童游戏，把绳子挥舞成圆圈，人趁绳子近地时跳过去），植树，折柳，掌灯（①手里举着灯），掌灯（②上灯；点灯（指油灯））。

- 3.1.2 社会行为

定义：指称人所发出的社会性的活动，该类动词一般不是可观察的具有一定形式的运动，如"村里人风传，说他要办工厂"，主语"村里人"是动词"风传"的施事，动词"风传"则不是具备形式的行为，比较"3.1.1 人自动行为"中的词，如"踏步"，这个词义指称的运动是一个具备形式的动作，我们可以看到做"踏步"这个动作的时候一只脚要先抬起来，然后向某个方形移动一段距离后脚再放下，这样就完成"踏步"这个词义指称的运动，这个过程是可见的，而"风传"这个词义却不具备类似的形式，它指称的运动和"踏步"这样的运动是不同性质的。同样的，该类动词无受事论元。

选择限制：

施事主语可以是指人名词，也可以是指机构和团体的名词。

（276）自6月以来，八场大雨降水近千毫米，乡民们奋力抗洪，终于用麻包草袋加高了百余公里的圩堤，保住了农田和村庄。

（277）王叔叔告诉我，这里是全国人民代表大会开会的地方。

（276）中的主谓短语"乡民们奋力抗洪"中，"乡民"是指人名词，是动词"抗洪"的施事主语。（277）中的主谓短语"全国人民代表大会开会"中，"全国人民代表大会"是指单位团体的名词，是动词"开会"的施事主语。

例词：登山（②特指登山运动），说话（②闲谈），说话（③指责；非议），做活，做官，做工，做饭，做操，做伴，坐船，作租，作注，做主，养鱼，养鸭。

- 3.1.3 位移

定义：指称主语充当施事发出的导致位置移动的运动。

语义角色：处所。

句法功能：

带处所宾语，或者用介词带处所宾语。

（278）有一天，两个强盗闯进了圆明园。
（279）我们只得钻出汽车，将目光投向近在咫尺的罗布泊。

（278）中的动宾短语"闯进了圆明园"中，"圆明园"是指建筑物的名词，是处所，是动词"闯"的处所宾语。（279）中的动宾短语"钻出汽车"中，"汽车"是指人工物的名词，是处所，是动词"钻"的处所宾语。

例词：转弯（①拐弯儿），投水，上山（①到山上去；到山区去），上坡，上岸，归林，归巢，拐弯（①行路转方向），渡海，登山（①上山），出海，越境，下山，下坡，下马。

- 3.1.4 一般自动行为

定义：指称无法归入以上几类的自动行为动词。如主语可以是表人名词或不可以是表人名词的自动行为动词。

例词：孵天鹅，抓痒，昂首，装死，转头，转身（①转过身），转背，展翅，越野，跃身，跃林，游泳（①人或动物在水里游动），用劲，饮水，咬牙（①由于极端愤怒或忍住极大的痛苦而咬紧牙齿）。

- 3.2 对象行为

定义：指称施事主语发出的、可见的、对其他事物产生影响的运动，该类动词与"3.1 自动行为"的区别在于有受事论元。

论元：施事，受事。

- 3.2.1 人对象行为

定义：指称人主动发出的动作行为，对其他事物产生影响。

选择限制：

施事主语为指人名词，或者为指肢体的名词。

（280）小男孩收拢右脚，挺了一下胸脯。

（280）中的动词"收拢"的施事主语是"小男孩"，是指人名词，动词"挺"的施事主语也是"小男孩"。

（281）脊背微俯，双手松松拢住车把，他活动，利落，准确。

（281）中的动词"拢"的施事主语是"双手"，是指人的肢体的名词。

例词：推磨，拿住，丢掉（②抛弃：～幻想），掂出，展开（①张开；铺开：～画卷），装入，装满，架住，架设，捣烂，戳穿（②说破；揭穿：假话当场被～）。

● 3.2.2 一般对象行为
选择限制：
施事主语不专指人或不指人。
例词：钻圈，钻孔，猎食，追上，转过，抓住，抓紧，咬住，摇动（①摇东西使它动：摇得动｜摇不动｜用力～木桩），洗净，吸进，围住，望见，拖住。

● 3.3 社会活动
定义：指称人所发出的社会性的活动。
论元：施事，对象，受事，内容，结果。
选择限制：
施事主语可以是指人名词，也可以是指机构和团体的名词。

（282）不妨动手制作成书签，自己留用，或者赠送同窗好友。
（283）1972年10月，中国政府赠送的大熊猫"兰兰"到达日本上野动物园。

以上两例中的动词"赠送"的施事主语分别为"自己"，指人名词，和"中国政府"，指单位团体名词。

● 3.3.1 予取

定义：该类动词指称的运动使得宾语和主语之间产生或解除所有关系，宾语或者成为主语的所有物，或者不再是主语的所有物。如"司机补交罚款"，"匪徒劫取财物"。

例词：借款（①向人借钱或借钱给人），归功，投资（①为达到一定目的而投入资金），到手，争得，采集，收入（①收进来），收集，收获（①取得成熟的农作物），收回（①把发出去或借出去的东西、借出去或用出去的钱取回来）。

● 3.3.2 交际

定义：该类动词指称信息的交流。这类动词的特点是无受事论元，有内容论元。

论元：施事，内容，对象。

句法功能：

该类动词有一类是二价的，有一个是信息交流的对象，有一个是信息交流的内容。

（284）我老实告诉你一句话：……

（284）中，动词"告诉"的施事主语是"我"，对象是"你"，内容是"一句话"。

还有一类是指称信息是一价的，只有信息交流的内容。

（285）肖旅长和李政委正站在河边商量着进军的办法。

（285）中，动词"商量"的施事主语是"肖旅长和李政委"，内容是"进军的办法"。

例词：叙谈，谈心，交流（②彼此把自己有的供给对方），回明，说话（①用语言表达意思），回话（①回答别人的问话（旧时多用于下对上）），提起（①谈到；说起）。

● 3.3.3 生产

定义：施事主语通过该类动词指称的运动使得宾语从无到有，宾语因此产生。该类动词无受事论元，有结果论元。

论元：施事，结果。

（286）不得私自印制或销售发票。

上例中名词"发票"是动词"印制"的结果宾语，"印制"意为"印刷制造"。

例词：炼金，炼丹，搭桥（①架桥），铸成，制成，造出，创下，搓成，铺路（①铺设道路），打（⑤建造；修筑），打（⑥制造（器物、食品）），打（⑨编织），产（③出产），做（①制造），铸，制。

- 3.3.4 其他

定义：指称无法归入以上几类的社会活动动词。

例词：美化，净化，简化，淡化（①使含盐分较多的水变成可供人类生活或工农业生产用的淡水），淡化（③使淡化），淡化（②（问题、情感等）逐渐冷淡下来，变得不被重视或无关紧要），注意，走私，追踪。

- 3.4 心理活动

定义：指称人的心理活动。

论元：施事，对象，内容。

选择限制：

施事主语可以是指人名词，或者是心理属性名词。

（287）怀特森先生似乎根本不理会我们的心情。

（288）他拥抱了爷爷，心里回味着爷爷对他说的话……

（287）中的"理会"意为"懂得、领会"，主语"怀特森先生"是指人名词。（288）中的"回味"意为"从记忆里体会"，主语"心里"是指心理属性名词。

- 3.4.1 认知

定义：指称对内容的学习、认识、分析等活动。认知的对象是有内容的。

论元：内容。

选择限制：

内容宾语可以是表作品的名词、表信息的名词和表活动的名词。

（289）请你搜集、研究一下这两方面的资料。

（290）一个人背两个人，王吉文思索着这个似乎不近情理的命令，不禁有些茫然了。

（291）这似乎是阿炳在赞叹惠山二泉的优美景色，在怀念对他恩重如山的师父，在思索自己走过的人生道路。

（289）中的"研究"意为"探求事物的真相、性质、规律等"，指称智能活动，名词"资料"是它的内容宾语。（290）和（291）中的"思索"意为"探求事物的真相、性质、规律等"，指称智能活动，名词"命令"是它的内容宾语；而例（291）的"自己走过的人生道路"也是内容宾语，指称人类活动。

例词：推理，定义（②下定义），回味（②从回忆里体会），诊断，推断，思索，思量（①考虑），思考，判断（②断定），感悟，感受（①受到（影响）；接受），辨别，理会（①懂得；领会），自觉（①自己感觉到），自悔。

- 3.4.2 一般心理活动

定义：除了认知类心理动词。这类心理动词不带内容宾语。如"想到远在南方的父母""憧憬美好的未来""猜猜我是谁"。

例词：认准，质疑，怀疑（②猜测），回首（②回顾；回忆），动脑筋，知错，思乡，思亲，留意，当作，当成，想象（②对于不在眼前的事物想出它的具体形象；设想），想起，想尽，想见。

- 4 能愿

定义：表示运动产生的可能性，或者做事的意愿。

句法功能：

只作为状语修饰其他动词，与副词功能相似。

（292）我从来不肯妄弃了一张纸，

（293）快去启奏玉皇大帝，要多派些兵将来方可取胜。

（294）李白恨不得挂长绳于青天，系住西飞之白日。

以上三例中的状中结构"不肯妄弃""方可取胜""恨不得挂长绳于青天"，其中的状语动词"肯""恨不得"和"方可"表示了可能性之义。

例词：无法，保准（①可以信任，可靠），保准（②担保；担保做到），可以（①表示可能或能够），恨不得，情愿（①心里愿意），爱（④常常发生某种行为；容易发生某种变化），想（③希望；打算），保（③保证；担保（做到）），愿（③祝愿）。

第二节 形容词义类体系

现在形容词义类有 2 个大类，19 个小类，共 13 个义类标记，最深达到 4 层，主要集中在第二层和第三层。共标注了 5213 条形容词。

1 二价形容词
——1.1 关系值
2 一价形容词
——2.1 生物值
———2.1.1 生理值
———2.1.2 心理值
———2.1.3 品性值
———2.1.4 状况值
——2.2 属性值
———2.2.1 物理值
————2.2.1.1 可度量值
————2.2.1.2 不可度量值
———2.2.2 内容值
———2.2.3 状态值
———2.2.4 其他
——2.3 方式事件值
——2.4 时空值
———2.4.1 时间值
———2.4.2 空间值

以往的形容词分类主要是根据两种方式：一种是根据领域，如关于事物的、关于人的、关于社会的、关于心理的等；另一种方式认为形容词指称的概念是由人对事物的感知而产生，所以按照形容词的感知来源进行分类，如视觉的、听觉的、嗅觉的、味觉的、触觉的等。这两种方式都非常依赖开发者对词义的理解，而没有考虑词义的组合特征。从我们的分类原则出发，我们还是试图用组合特征对形容词分类并定义义类。与名词和动词相比，大部分形容词缺乏语义角色特征，所以无法使用基于语义角色的分类方法分类。

形容词表示某种属性值。在已有的形容词义类体系中，王惠、詹卫东、俞士汶（2003），陈小荷（1998），董振东（2000），都使用了"属性值"的概念，属性本身，如"颜色""气味""硬度"是名词，而具体的属性概念"红花""臭鸡蛋""硬骨头"，因为这些具体属性都是修饰名词的，在名词义类体系中我们已有"属性"类，一个属性下面可能有多种具体的属性值，这些属性值是（但不仅仅是）用形容词表示的，所以形容词被称作"属性值"。

一 句法功能对形容词分类的作用

形容词的句法功能是：在定中结构中作为定语修饰名词，在状中结构中作为状语修饰动词，在主谓结构中作为谓语或者谓语的一部分说明主语，在动补结构中作为动词补语说明动词的结果状态，某些形容词还兼有名词的句法特征。

句法功能特征在形容词词义分类中的作用并不明显，它只在某些形容词义类的分类中起到作用。如"2.1.3 品性值"和"2.1.2 心理值"都是关于心理的义类，前者可以作为定语或谓语修饰指人名词，作为状语修饰动词，还可以作为定语修饰表活动动作的名词，而后者一般只能作为定语或谓语修饰指人名词；如"2.2.3 状态值"，不可作为定语，仅可作为谓语。形容词的句法功能比较简单，与动词不发生动宾关系，所以导致形容词无法适用于语义角色特征进行分类。

二 论元结构对形容词分类的作用

有些形容词是二价的，如"1.1 关系值"，且这部分数量很少。论元特征对形容词分类的作用很小。

三 语义选择限制对形容词分类的作用

由于形容词是表达属性值概念，所以我们主要根据形容词修饰说明的对象来分类。如"2.1 生物值"修饰的对象是生物；"2.2 属性值"修饰的是非生物和抽象事物；"2.3 方式事件值"，修饰的是动词，或者表行为和行为属性的名词；"2.4 时空值"修饰时间和空间名词。

四 形容词义类详解

- 1 二价形容词
- 1.1 关系值

定义：指称对事物之间关系的评价。

论元结构：二价，有一个对象论元，有一个宿主论元。

（295）也许我仅仅是武器比它强。

（295）的名词"武器"是"强"的宿主论元，"它"是对象论元。

例词：亲（⑦关系近；感情好（跟"疏"相对）：~近｜~密｜不分~疏｜她是姥姥带大的，跟姥姥最~），高（⑤等级在上的：~等｜~年级｜哥哥比我~一班），强（⑤优越；好（多用于比较）：今年的庄稼比去年更~），矮（③（级别、地位）低：他在学校里比我~一级），长（③辈分大：师~｜~亲｜叔叔比侄子~一辈）。

- 2 一价形容词

论元结构：一价。

- 2.1 生物值

定义：该类形容词表示有关生物的性质特征。生理、心理等。

选择限制：

在偏正结构中作定语，或在主谓结构中充当谓语时，中心语或主语仅为指生物的名词，构成"宿主—属性值"语义关系。

（296）是天气比往年热呢，还是自己的身体虚呢？
（297）可现在，在月台上，我们又变得局促不安了。
（298）商店和饭馆的门无精打采地敞着，面对着上帝创造的这个世界，就跟许多饥饿的嘴巴一样。

（296）中的"虚"意为"虚弱"，指称身体不健康，宿主为"身体"，指称生物肢体；（297）中的"局促不安"意为"拘谨不自然"，指称心理感觉，宿主为"我们"，指称人；（298）中的"饥饿"指称肠胃饱满的程度，宿主是"嘴巴"，指称生物肢体。

- 2.1.1 生理值

定义：该类形容词指称生物生理方面的属性值，如性别、外形等。

选择限制：

在偏正结构中充当定语，或在主谓结构中作为谓语时，中心语或主语为指生物，或者生物部分的名词。

例（296）和例（298）描述了该类特征。

例词：好（⑤（身体）健康；（疾病）痊愈），亲（③血统最接近的），母（③（禽兽）雌性的（跟"公"相对）），精神（③英俊；相貌、身材好），疲劳（③因外力过强或作用时间过久而不能继续起正常的反应），年轻（②年纪比相比较的对象小）。

● 2.1.2 心理值

定义：该类形容词指称心理属性值。

句法功能：定语，谓语，宾语。

选择限制：

在定中结构中作定语，或在主谓结构中作谓语时，中心语或主语可以是指人名词，也可以是指心理属性的名词。

（299）偶一回头，我望见了娘那带笑的黄油布似的脸，心里一酸，眼里涌出了泪水……

（299）的主谓结构"心里一酸"，"酸"意为"悲痛；伤心"，主语为表心理属性名词的"心里"。

在动宾结构中作为宾语时，动词是心理活动动词。

（300）来鹤乡却看不到鹤，我心里不禁感到失望。

（300）的动宾结构"感到失望"，动词"感到"为表心理活动的动词。

例词：困（⑤疲乏想睡），凉（②比喻灰心或失望），清爽（②轻松爽快），拘束（②过分约束自己，显得不自然），骄傲（②自豪），轻快（②轻松愉快），光彩（②光荣），沉重（②（心情）忧郁，不愉快），踏实（②（情绪）安定；安稳）。

● 2.1.3 品性值

定义：指人的某种心理值，会通过行为活动表现出来。

句法功能：状语。

选择限制：

在状中结构中充当状语时，修饰表动作行为活动的动词。

（301）认真负责地做好自己手上的每一件事情，这也是一种学习，一种和听课、读书、作业同样重要的学习。

上例中的状中结构"负责地做好"，形容词"负责"修饰动词"做"。

例词：酸（④迂腐（多用于讥讽文人）），风流（④轻浮放荡），光明（④（胸襟）坦白；没有私心），正经（④严肃而认真），冷（③不热情；不温和），凶（③凶恶），急（③容易发怒；急躁），暴（③急躁）。

- 2.1.4 状况值

定义：指人的某种可持续的状态。

句法功能：谓语，在动补结构中作为补语。

（302）这一夜，小亮睡得特别香，特别甜。

上例中的"香"意为"睡得踏实"，在动补结构"睡得特别香"中作为补语。

例词：蔫（②精神不振：孩子有些～，像是生病了），碌碌（②形容事务繁杂、辛辛苦苦的样子），坎坷（②比喻不得志），巧（②（手、口）灵巧），乏（②疲倦），冲（②劲头儿足），稀松（②差劲），香甜（②形容睡得踏实，舒服）。

- 2.2 属性值

定义：该类指称的属性值，其宿主不仅仅是生物，或不是生物。

- 2.2.1 物理值

定义：指事物的某种物理值，这是可被观察的。该类属性值的宿主是具体物。

- 2.2.1.1 可度量值

定义：指可被量化的物理值。

句法功能：定语，中心语。

选择限制：

在定中结构中作为中心语，或在形补结构中充当中心语时，中心语和补语可以是数量词。这二者可以互相变换。

（303）后来我又做了一些木板，搭了几层一尺半宽的木架。

（304）它装货容量600吨，船体长220尺，宽25尺。

（303）中的定中结构"一尺半宽"的定语，（304）的形补结构"长220尺""宽25尺"中的补语，都是数量词。它们的成分位置互相变换后表达的意义相同。

例词：深（⑥（颜色）浓：~红｜~绿｜颜色太~），宽（①横的距离大；范围广（跟"窄"相对）：~银幕｜这条马路很~｜他为集体想得周到，管得~），粗（①（条状物）横剖面大（跟"细"相对，②—⑥同）：~纱｜这棵树很~）。

- 2.2.1.2 不可度量值

定义：指不可被量化的物理值。

例词：老（⑪（某些颜色）深），破（⑧受过损伤的；破烂的），老（⑧（蔬菜）长得过了适口时期（跟"嫩"相对，下⑨同）），光（⑧光滑；光溜），粉（⑧粉红），肥（⑧肥大①（跟"瘦"相对）），细（⑤精细），腻（⑤黏），粗（⑤粗糙（跟"精"相对））。

- 2.2.2 内容值

定义：该类形容词是对内容物的评价。

句法功能：谓语，定语。

选择限制：

修饰指作品或信息的名词。

（305）也有人认为，应该多读经典名著。

上例中的定中结构"经典名著"的"名著"指称作品，"经典"意为"事物具有典型性而影响较大的"，修饰"名著"。

例词：朴素（④萌芽状态的；未发展的），勉强（④牵强；理由不充足），经典（④事物具有典型性而影响较大的），深（③深奥），朴素（③朴实，不浮夸；不虚假），清淡（③清新淡雅），肯定（③确定；明确），别扭（③（说话、作文）不通顺；不流畅）。

- 2.2.3 状态值

定义：指称事物某种静态的可持续的状态。

句法功能：谓语，补语，独立语。

（306）好哇，你咬人？
（307）他决定立刻回家，马上去弄明白究竟是看花了眼，还是发现了大自然的一个伟大真理。

（306）中"好"意为"反话，表示不满意"，做独立语。（307）中的动补结构"看花了眼"，"花"意为"（眼睛）模糊迷乱"，是"看"的补语，"花"也可以变换位置成为谓语，表达相同的意义："眼花了。"

例词：死（⑥固定；死板；不活动），顺（⑥顺利），紧（⑥经济不宽裕；拮据），齐（⑤完备；全），轻（⑤不重要），紧（⑤动作先后密切接连；事情急），坏（⑤表示身体或精神受到某种影响而达到极不舒服的程度，有时只表示程度深），值（④指有意义或有价值；值得）。

- 2.2.4 其他

定义：指无法归入以上几类的属性值名词。

例词：头（⑩用在数量词前面，表示次序在前的），正（⑨基本的；主要的（区别于"副"）），细（⑦细微；细小），老（⑦原来的），热（⑦受很多人欢迎的），正（⑥正当），新（⑥结婚的或结婚不久的），熟（⑥程度深），老（⑥陈旧），干（⑥指拜认的（亲属关系））。

- 2.3 方式事件值

定义：该类指称运动（动作行为活动）的方式方法。
句法功能：定语，状语。
选择限制：
在定中结构中作为定语时，中心语是表行为活动和表动作行为属性的名词。

（308）可是公开教学课难道是上台表演吗？

（308）中的定中结构"公开教学课"的中心语"教学课"是指称社会活动的名词，被形容词"公开"修饰。

在状中结构中作为状语时，修饰表行为活动的动词。

（309）原告公开出版的书籍及被告盗印本各 1 本。
（310）同学，只有刻苦学习……

（309）中的状中结构"公开出版"的中心语"出版"是指称社会活动的动词，被形容词"公开"修饰。（310）中的状中结构"刻苦学习"的中心语"学习"是指称社会活动的动词，被形容词"刻苦"修饰。

例词：好（⑩容易（限用于动词前）），粗（⑥疏忽；不周密），轻（⑥用力不猛），细（⑥仔细；详细；周密），好（⑥用于套语），急（⑤急迫；紧急），紧（⑤动作先后密切接连；事情急），正面（⑤直接），宽（④宽大；不严厉；不苛求），狠（④严厉；厉害）。

• 2.4 时空值

句法功能：定语，谓语。

选择限制：

修饰表时间、空间概念的词。

• 2.4.1 时间值

选择限制：

修饰表时间概念的词。

（311）那些木桩都很重，很不容易搬动，我费了很长久的时间，才在树林里把它们砍好削好。

（312）我国的石拱桥有悠久的历史。

（311）中的定中结构"长久的时间"的中心语"时间"是指称时间的名词，被形容词"长久"修饰。（312）中的"历史"意为"事物发展的过程"，表达时间概念，被形容词"悠久"修饰。

例词：原，初始，空余，长远，长久，原先，永久，短暂，久长，永恒，永远，久远，深永，隽永，中生，史前，先决。

• 2.4.2 空间值

选择限制：与表空间概念的词组合使用。

（313）你们看，这家有老人，有小孩，还有个媳妇要生孩子，住房并不宽松。

(314) 对于广大的关东原野,我心里怀着炽痛的热爱。

(313) 中的"住房"指称建筑物,表空间概念。(314) 中的"原野"指称地理物,表空间概念,被定语形容词"广大"修饰。

例词:茫茫,旷,溟蒙,颠顶,迢迢,音近,黑寂,开旷,浩渺,浩淼,浩莽,浩茫,遥远,辽远,空寂,空凹,荒芜,荒僻。

第三节 建立义类体系的难点

在本章和第三章我们对汉语名词、动词、形容词建立了一个面向语料库标注的词义分类体系,并且用这个义类体系标注了词表。在定义义类体系的过程中,我们遇到了一些问题,导致得出的义类体系并不完善,部分义类的存在显得很勉强,有些义类的区分特征不明显,导致标注困难。在词表标注这一对义类体系的实际操作阶段,我们发现现有的义类体系无法标注语料库中所有的词义,虽然在定义义类的阶段,我们使用了可操作的语言学特征对义类进行定义,但是并非所有的词义都可以顺利地归入义类体系,有些词义无法归入现有的义类体系,有的词义从定义上可以归入某义类,但在词义上却和同义类的词有很大的不同。本节根据我们在标注工作中的经验,对建立和标注义类体系的难点作系统的阐述。

定义义类体系的困境由词义与义类体系的三个系统性冲突造成:词义多维性与义类体系单维性的冲突、词的内部特征与外部特征的冲突、常识与分类标准之间的冲突。

词义多维性与义类体系单维性的冲突。词义是多维的,一个词的词义可以从不同的角度去理解,也就可以从不同的角度对词义进行分类。如名词"心情",指称了某种心理状态,从这个角度看,这个词义应该和"性格、脾气、秉性、习性"这类指称心理状态的词义归为一类,包括指称动物的心理状态词义;但是这个"心情"如果从属性的宿主角度去分类的话,它是人的某种属性,所以它应该与表人的属性的词义归为一类,包括人的外观、生理、社会属性等。建立义类体系是尽可能用一个分类标准贯彻整个分类体系,即系统性的分类工具,义类体系是单维的,是树形结构,我们在建立义类体系的时候,不可能把词义所有的特征都考虑进去,而是一次分类只选取一种分类标准,即从一个角度去看待词义分类问题。

这样，词义的多维性与义类体系的单维性就发生了冲突，造成了以下两个方面。①分类标准的冲突，词义分类在几种分类标准中犹疑不定，无法找到系统性的分类工具，导致分类困难。在对形容词义类进行定义时，考虑到要使用组合性特征对义类进行定义，所以最好的分类工具就是根据形容词宿主的语义特征进行分类，这样形容词体系只要跟名词体系作简单对应就可以了，如"生物的属性值、人的属性值、非生物属性值、自然物属性值、人工物属性值……"，但实际上，这个分类标准是无法对所有形容词有效分类的，如表示颜色、大小、数量的形容词就不能这么分类，因为这些形容词的宿主是跨名词词类的，如形容词义"黑色"，可以修饰指人名词（黑人），可以修饰指动物的名词（黑狗、黑鸟、黑鱼），也可以修饰人工物名词（黑房子），我们不能按照宿主把"黑"这个词分到不同的义类中去，所以只能按照属性值的内容对无法用宿主方法分类的形容词分类，分成如"物理属性值、社会属性值……"这两种分类标准之间并无逻辑关系，无法排出先后，只能看实际在词表中标注的情况调整具体的分类。同样的情况还出现在名词的属性和属性值类中。②义类体系中义类的定义的宽紧度不一，由于义类体系从词义的部分角度看待词义，所以符合这些角度的义类，定义就比较明确，反之则比较含糊。这就造成义类定义在义类标注中捉襟见肘（顾此失彼，穷于应付，表达不够精准），约束力不够。为了尽可能保证义类的定义具有可见的组合性特征，有的义类定义限制较多，有的较少，有些义类只能定义得很宽泛，成员词较多，如形容词分类中的"2.2.1.2不可度量值"，这类包括了大部分的宿主是具体物的形容词，有1420个成员词；我们还设置了一些"其他"类，用于放置那些在词义上与某义类相近但是在组合特征上不明显的词。

  词的内部特征与外部特征的冲突。这种冲突产生的原因是由词内部的构词法与词外部的句法组合特征的一致性造成的。在前一节中我们论述了词的内部特征与外部特征在词义分类上有一定的互补作用，其前提是词的内部构词特征与外部的组合特征在类型上具有一致性。这种一致性造成了，对一些词标注义类时，外部特征符合某个义类A的定义，不符合义类B的定义，但是从词义上来说，这些词与义类B所指称的对象或表达的概念更加相近。这个矛盾在我们实际标注义类的过程中多有出现，难以调和。我们对名词义类"2.1属性"的句法组合关系的定义有一条：不可在主谓结构中独立充当主语，因为属性不可脱离宿主单独存在，如果要充当主语，必须与表示其宿主的名词共同构成定中结构，如"颜色很好看"是难以理解的，因为人们肯定要追问是什么事物的颜色"很好看"，所以要加上一个宿主名词与属性词"颜色"构成定中结构作主语才能表达完整的意义，如"衣服的颜色很好看"。但是，属性类名词中很多定中结构的复合词，定语已经指称了属性名词的宿主，如"2.1.2 物理属性"的成员词"调"，意为"腔调"，指称人的发声（说话、唱歌）的方式，这个词完全符合"2.1 属性"的定义，但"2.1.2 物理属性"中有很多定中结构，把属性名词的宿主以语素的形式构入词中，如"音调""韵调"，其中的定语语素"音""韵"指称了"调"的宿主，这两个词就可以独立充当主语了，其他还有如"地质""字体""舰容""身姿""食欲""人格""篇名""病因""钻劲""流速"。这样的词严格按照组合关系来分类的话，就无法被归入属性类，但是从词义方面来说，这些词确实与属性类名词指称的是相同或相近的概念，导致分类的困难。再如，动词义类"3.1 自动行为"与"3.2 对象行为"的重要区别是前者无受事论元，不能带受事、结果宾语，而后者可以。但是，"3.1 自动行为"中有一些动宾结构的复合词，把受事、结果宾语作为语素构入了词中，如"掐丝"，在句法组合特征上不可带宾语，所以分入"3.1 自动行为"类，但是这个词在词义上与"3.2 对象行为"中的成员词"掐"是相近的，从词义的远近关系来说，"掐丝"和"掐"应该属于一个义类，但是从句法组合关系来看，它们只能分到两个义类里面。

常识与分类标准间的冲突。有些义类的成员词缺少足够与兄弟义类相区分或者独立为一个义类的组合特征。如"1.1.2.4 昆虫"，它缺少与兄弟义类"1.1.2.1 兽""1.1.2.2 鸟""1.1.2.3 鱼"明确区分的语义组合特征，"1.1.2.1 兽"与"1.1.2.2 鸟"的区别在于"1.1.2.2 鸟"能与表示飞行的动词组成主谓结构，而"1.1.2.1 兽"不能，"1.1.2.2 鸟"与"1.1.2.3 鱼"的区别在于"1.1.2.2 鸟"可与表飞行的动词组成主谓结构，而"1.1.2.3 鱼"与表游动的动词组成主谓结构，"1.1.2.1 兽"与"1.1.2.3 鱼"的区别在于"1.1.2.1 兽"能与表肢体动作的动词组成主谓结构，而"1.1.2.3 鱼"不能。但是"1.1.2.4 昆虫"可以与表飞行、表游动、表肢体动作的动词组成主谓结构，这样看来"1.1.2.4 昆虫"与其他三类分不开，应该作为多义类词，每个昆虫类名词都标上三个义类标记，但这样显然是不正确的，从常识来看，任何人都不会同意昆虫是一种兽，或是一种鸟，或是一种鱼，我们的解决办法是用常识的方法判断词义，那"1.1.2.4昆虫"类就是领域性分类。所以，领域知识虽然缺乏操作性，但在一定范围内仍然有效。

在义类标注方面，我们对46993条词语标注了义类，在实际标注的过程中，我们发现义类中成员词的组合特征与义类的定义特征的匹配度是不一样的。有些词的组合特征与义类定义的特征是高度匹配的，如上文义类定义部分中所列的例子；有些词的组合特征不具备全部的定义特征，与义类的定义并不完全符合，甚至某些词缺少大部分的定义特征。我们认为这个现象符合家族相似性理论的描述，而在义类标注的实际操作时，我们是按照家族相似性的方法，先识别义类的典型成员词，对其他的非典型词，与各义类的典型成员词进行比较，最后归入相似度最高的典型词所在的义类。

第五章

义类自动标注

根据前两章的义类体系，我们已经标注了词表，所以义类标注的第一步，是用义类词表作为词典对语料库进行义类标注。在这个过程中，语料库里有一些词形被标注上多于一个的义类标记，得到多义类词表。然后，我们对多义类词进行消歧，这时义类标注需要解决的问题在于如何对多义类词进行词义消歧（word sense disambiguation）实验。实验的步骤是，首先对多义类词形进行高频义类统计，确定词义消歧的基线，然后对多义类词进行有监督的词义消歧（Supervised WSD）实验。最后，我们对词义消歧的结果进行分析。

本章实验的流程如图1。

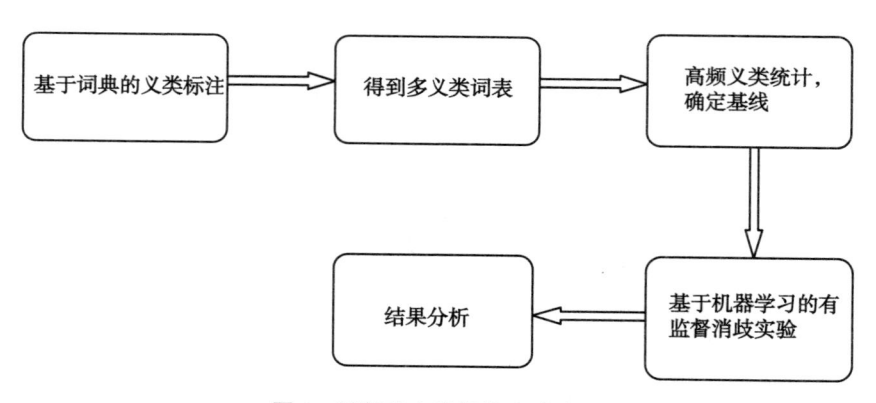

图1 语料库义类标注实验流程

第一节 基于词典的义类标注

在本节中，我们利用已经标注了义类的词表，对语料库进行全面标注。语料库标注的主要问题在于歧义,以及多义类词在具体语境中选择哪个义类的问题。基于词典的义类标注的目的是发现多义类词表,通过对标注结果的统计,我们发现多义类的词数量在整个词表中的比例并不大。以词形计,词表中共有词形 33480 条,多义类的词条有 1357 条,其中多音的多义类词条有 36 条,单音的多义类词条有 1321 条。

一 拼音与义类的关系

根据我们对词表的观察统计,我们发现,拼音对义类的区分是不明显的。

第一,词表中多音词条①总数不多,有 48 条,其中多音多义类的词条有 36 条,如表 6 所示。

表 6　　　　　　　　　　多音多义类词条示例

词形/词性	拼音	义项标记:释义	义类标记
着/v	zhao2	1:接触;挨上	2 关系动词
	zhao2	2:感受;受到	1.3.1 经历
	zhao2	3:燃烧,也指灯发光	1.2.3 一般状态
	zhao1	3:放;搁进去	3.2.1 人对象行为
大气/n	da4_ qi5	1:大的气度;大的气势	2.6.8 其他属性值
	da4_ qi4	1:包围地球的气体,是干燥空气、水汽、微尘等的混合物	1.2.1.1.3 气体
长/a	zhang3	3:辈分大	1.1 关系值
	chang2	1:两点之间的距离大	2.2.1.2 不可度量值

另外 12 条是多音单义类,如表 7 所示。

表 7　　　　　　　　　　多音单义类词条示例

词形	拼音	义类标记
轧/v	ya4	3.2.1 人对象行为
	zha2	3.2.1 人对象行为

---

① 这里的多音词条指的是同一个词类中的多音词。

续表

词形	拼音	义类标记
老娘/n	lao3_ niang5	1.1.1.2 关系
	lao3_ niang2	1.1.1.2 关系

第二，在36条多音多义类的词条中，有19条的拼音和义类标记数量相等，也就是说可以通过拼音把义类区分开，占52.7%。如表8所示。

表8　　　　　　　　可通过读音区分义类的词条示例

词形	拼音	义类标记
调/v	tiao2	3.2.1 人对象行为
	diao4	3.3.4 其他
卷/n	juan4	1.2.2.7 作品
	juan3	2.6.2 物理属性值
长/a	zhang3	1.1 关系值
	chang2	2.2.1.2 不可度量值

第三，另外的17条多音多义类词条的拼音数量都少于义类数量，也就是说，在这些多音多义类词条中，至少有1个拼音对应了1个以上的义类，这样拼音就无法区分义类。如表6中的动词"着"，有两个读音，四个义类标记，其中有一个读音对应三个义类标记，对于这三个义类标记来说，无法通过拼音区分义类。

由于总量小，拼音可区分义类的词条比例不高，所以拼音对义类消歧的作用不大。

二　义项与义类的关系

语料库中有2243条多义项词形，其中多义项多义类词形有1289条，义项和义类一一对应的有1021条，这些多义类词是可以通过义项来消歧的。如表9所示。

表9　　　　　　　可通过义项区分义类的词条示例

词形/词性	义项标记	义项数量	义类标记	义类数量
回/v	0	4	3.3.2 交际	4
	4		3.3.4 其他	
	3		3.2.2 一般对象行为	
	2		3.1.3 位移	

有268条多义类词条的义类数和义项数不是一一对应的关系，这些多义类词无法通过义项来消歧。如动词"长"有三个义项：义项1意为"生"，如"生锈"；义项2意为"增进；增加"；义项3意为"生长；成长"。义项1和2同义类，义类标记为"1.3.5 产生"，义项3的义类标记为"1.2.3 一般状态"。

多义项单义类词形有954条。如名词"阿姨"有三个义项：义项1意为"母亲的姐妹"；义项2意为"称呼跟母亲辈分相同、年纪差不多的无亲属关系的妇女"；义项3意为"对保育员或保姆的称呼"。"阿姨"只有一个义类标记"1.1.1.2 关系"。

所以，义项和义类间不存在明确的对应关系。由于《现代汉语词典》对词义分立没有统一的标准，所以在人工标注的过程中，词的义项只是一个参考，有的多义项词被标注为一个或几个义类，有的单义项词被标注为几个义类。义项与义类没有明确的逻辑关系。

第二节　多义类消歧

从上一节的数据分析中我们可以看出，总体来说，拼音、义项与义类没有明确的逻辑关系，但对于某些多义类词条来说，拼音、义项对义类有区分作用。拼音是明确的词汇信息，在语料库中的标注准确率达到100%，对于可以用拼音区分义类的词来说，拼音是可靠的消歧线索；语料库中的义项标注采用的是《现代汉语词典》义项，由于《现代汉语词典》对词义分立和释义没有统一的标准，加上义项标注存在一定的错误，所以义项信息对于本研究来说不是可靠的消歧信息，所以我们决定暂时不考虑义项对多义类的消解作用。所以，考虑拼音对义类的消歧作用，多音多义类词条有17条需要消歧，单音多义类词有1321条，进入义类消歧实验的多义类词条共有1338条，151816词次。

自动标注的难点在于多义类词条在具体语境下选择义类的问题，也就是词义消歧问题。自动标注分两个步骤。第一步是确定义类消歧的基线（baseline），基线是指用最简单的方法对多义类词进行消歧的结果，基线可以检验词义消歧算法的效率。词义消歧中确定基线的方法是高频义类标注，即在训练语料库中统计多义类词各个义类出现的频次，然后把频次最大的那个义类标注到测试语料库中，然后在测试语料库中统计多义类词的标注正确率，这个正确率就是消歧的基线。第二步是有监督的词义消歧。词义消歧是计算语言学的一个重要问题，但是目前的研究大多集中在消歧工具（算法）上，而不是消歧结果以及消歧结果在其他应用中的效果上。比如在词义消歧领域颇具影响力的Semval评测，这个评测是由ACL的SIGLEX在1997年发起的，每三年举行一次，起初名为Senseval，是为了给词义消歧研究者提供统一、开放的测试平台，最近的一次Semval在2010年举行。Semval提供了词典、训练语料与测试语料，其目的不仅仅是比较消歧工具的优劣，也为了促进对词汇语义和多义问题的研究和更深入的了解（Eneko Agirre and Philip Edmonds ed.，2006）。Semval反映了词义消歧（包括计算语言学）研究中的两种不同的取向：从工程的角度来说，词义消歧只是提供了一个平台来评测分类工具的优劣，它的目的是研究解决分类问题的工具，工具具有普遍性，并不专用于词义消歧，词义消歧只是这种工具可以解决的一个具体问题而已，所以工程式的研究并不去分析消歧结果，不关心词义问题，只要现在的消歧系统比以往的系统有哪怕是微小的改善，研究就算是成功的；从语言学/词汇语义学的角度来说，消歧系统不是研究的目标，我们使用、研究消歧算法的目的在于研究词义/歧义问题，这个角度的研究需要分析消歧结果、探讨歧义的问题，并且更关心词义消歧对其他研究和应用的支持，从这方面来说，目前的词义消歧水平不能很好地支持其他的研究和应用。进行义类消歧实验的目的在于测试我们的义类体系是否适于自动标注，如果消歧正确率高，说明义类的区别比较明显，易于从训练数据中学习到，则义类体系适于自动标注。

一　高频义类标注

多义词的每个义项在语料库中出现的频率不是相同的，一般来说，多义词在语料库中会有一个较高频的义项出现，在词义消歧的研究中，这个较高频的义项作为消歧的基线（baseline），来评测消歧算法的优劣，被称为高频义消歧，又被称为常用义消歧。下面我们给出常用义标注正确率在90%以上、70%以上和50%以上的多义类词例子，名词、动词、形容词各给一例（见表10—表12）：

表 10　　　　　　　高频义类标注正确率在 90% 以上的词条

词/词性	义类标记：义类频次	高频义类标记正确率（%）
站/v	3.1.4 一般自动行为：780；1.2.3 一般状态：1	99.8
处/n	4.1 处所：212；1.1.4.1 机构：1	99.53
小/a	2.2.1.2 不可度量值：5071；2.2.4 其他：28	99.45

表 11　　　　　　　高频义类标注正确率在 70% 以上的词条

词/词性	义类标记：义类频次	高频义类标记正确率（%）
咆哮/v	1.2.3 一般状态：24；3.1.4 一般自动行为：8	75
家伙/n	1.1.1.2 关系：34；1.3 统称：11；1.2.2.5 工具：1	73.91
香甜/a	2.2.1.2 不可度量值：17；2.1.4 状况值：6	73.91

表 12　　　　　　　高频义类标注正确率在 50% 以上的词条

词/词性	义类标记：义类频次	高频义类标记正确率（%）
深入/v	1.1.2 位移：16；3.1.3 位移：11；1.1.3 变化：2	55.17
天地/n	1.2.1.4 地理：39；4.1 处所：32	54.93
体面/a	2.2.4 其他：6；2.1.1 生理值：5	54.55

高频义类标注法是最廉价经济的消歧方法，由于多义类词的某些义类非常低频，高频义类消歧法会带来很高的正确率。我们在语料库中对消歧的多义类词条进行义类频率统计，一方面找出适用于常用义标注法消歧的词条；另一方面，对于不能适用于常用义标注法消歧的词条，我们把常用义消歧结果作为进一步消歧实验的基线，用于测试。表 13 是义类频率统计结果：

表 13　　　　　　　语料库义类频率统计结果

常用义类占该词全部义类的比例（%）	达到比例的词形数	占待消歧词条总数的比例（%）
H≥90	328	24.5

续表

常用义类占该词全部义类的比例（%）	达到比例的词形数	占待消歧词条总数的比例（%）
90>H≥80	267	19.8
80>H≥70	228	17
70>H≥60	243	18.1
60>H≥50	221	16.5
50>H≥30	51	3.8

从表13可以看到，超过95%的词形可以通过常用义标注的方法获得超过50%的正确率，有大约44%的词形可以通过该方法获得超过80%的正确率，结果还是相当乐观的。

在确定适用常用义消歧的词条时，我们需要考虑两个方面的问题。第一是词条常用义类频率占该词条全部义频的比例，如果词条的常用义类频率的比例高于某个阈值，则说明该词条存在一个高频常用义类，可以用高频义类法消歧，如"站/v/zhan4"，有两个义类标记"3.1.4 一般自动行为""1.2.3 一般状态"，常用义类是"3.1.4 一般自动行为"，比例为99.87%，所以我们认为"站/v/zhan4"可用高频义类标注法消歧；第二是词条频率，如果某词条是低频词，即使常用义类频率的比例高于阈值，我们也无法确定这个高比例常用义是由义类常用造成的，还是由于低频，或数据稀疏造成的，如"眼前/n/yan3_qian2"有两个义类，"3.2 相对时间""4.1 处所"，常用义类是"3.2 相对时间"，比例为85.7%，但是这个词的词频只有7次，由于词频很低，我们无法把"3.2 相对时间"作为常用义标注结果来使用，而词形"站/v/zhan4"，它的词频达到781，属于高频词，所以我们有理由认为词形"站/v/zhan4"适用于常用义标注法消歧。综合考虑常用义类比例和词频的因素，我们把识别适用常用义标注方法消歧词条的常用义类比例的阈值设为90%，这样词条的频率至少为10。语料库中，常用义类频率占全部义频超过90%的词条有328条，占待消歧词条总数的24.5%，占待消歧词次总数的42.2%。还有1010条多义类词条，使用基于统计的消歧方法消歧，高频义类标注方法对这1010条的标注结果作为统计方法的基线。

二 有监督的自动消歧实验

本节对1010条多义类词形进行消歧实验。在义类层面进行语义标注的研究并非空白,有学者用同义词词林标注中文义类语料库,用 WordNet 的上层 synset 作为标注集标注英文语料库,但是效果不甚理想,其研究结果也未对语言学和计算语言学研究产生重大影响。本节以在第三章中定义的义类体系为标注集,使用有监督的词义消歧技术对多义类词进行消歧,以测试这个义类体系是否适用于语料库自动标注。

有监督的词义消歧是一种基于机器学习的分类方法,把词义消歧看作自动分类的一个子任务。分类是从一个已知的类别集合中,为当前对象选取一个合适的类别标记,义类消歧也是从多义类词的已知义类集合中为当前词选取一个合适的义类标记。自动分类是有监督的机器学习(supervised machine learning)方法,它需要一个训练集 S,也就是标注了义类的语料库,和一个分类函数 f(x),分类函数在训练集上训练出一个分类模型 M,然后用这个分类模型对测试数据集 T 进行分类。训练集 S 包含若干条训练数据:S= $\{(x^1, y^1), (x^2, y^2), \cdots, (x^n, y^n)\}$,其中 x 是多义类词形,它由一个向量表示:x = $(x_1, x_2, \cdots, x_n)$,y 是多义类词形 x 在当前的分类标志,即义类标记,y 是分类函数 f(x) 计算的结果 y=f(x),x_n 是用以判断多义类词形 x 当前的分类依据,被称为特征(feature)。假设多义类词形 x 在训练集 S 中出现 100 次,分类函数 f 通过对 100 条数据的训练建立模型,训练出来的模型被称为分类器,可以用于预测多义类词形 x 新的词例的义类 y。它的流程如图 2 所示。

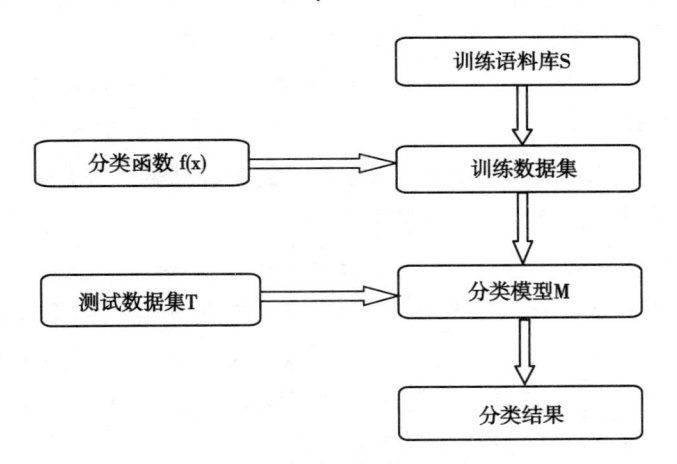

图 2　义类自动消歧实验流程

目前应用于词义消歧的主要的有监督的自动分类方法有:贝叶斯方法、决策树方法、线性分类器和基于 kernel 的方法。本节中我们将运用这些方法对1010条多义类词条进行分类实验,并对结果进行分析。

(一) 分类模型简介

朴素贝叶斯模型(Naïve Bayes Model, George H. John & Pat Langley, 1995)。贝叶斯分类器的分类原理是根据某对象的先验概率,利用贝叶斯公式计算出其后验概率,即该对象属于某一类的概率,选择具有最大后验概率的类作为该对象所属的类。NB算法需要的参数很少,对缺失数据不敏感,比较简单经济,而且理论上效果不错。NB算法的缺点在于它假设分类用的特征是相互独立的,即特征间没有逻辑关系,这在实际应用中往往是不成立的。对于语言处理来说,句子中的词不是相互独立的,而是相互影响的,语言的这个基本特点会给NB算法的效果带来负面影响。从实际操作中的结果来看,虽然NB算法的基本假设和语言的基本特点有冲突,但是NB算法的效果与其他方法相比并不逊色多少,有时还很出色,这是因为在某个句子中仍存在大量非线性的词语依存关系,因而用于实际分类的特征向量中有时会有缺失值和相互无关的特征。

贝叶斯网络模型(Bayes Network Model, Gerald Chao and Michael G. Dyer, 2007)。贝叶斯网络是一个带有概率注释的有向无环图,图中的每一个结点均表示一个随机变量,图中两结点间若存在着一条弧,则表示这两结点相对应的随机变量是概率相依的,反之则说明这两个随机变量是条件独立的。网络中任意一个结点X均有一个相应的条件概率表(Conditional Probability Table, CPT),用以表示结点X在其父结点取各可能值时的条件概率。若结点X无父结点,则X的CPT为其先验概率分布。贝叶斯网络的结构及各结点的CPT定义了网络中各变量的概率分布。贝叶斯网络比朴素贝叶斯模型更复杂,需要估计的参数也多,其优点在于考虑到了特征间的关系,所以更适用于义类消歧。

AdaBoost算法(Yoav Freund and Robert E. Schapire, 1996)。Adaboost是一种迭代算法,其核心思想是针对同一个训练集训练不同的分类器(弱分类器),然后把这些弱分类器集合起来,构成一个更强的最终分类器(强分类器)。其算法本身是通过改变数据分布来实现的,它根据每次训练集之中每个样本的分类是否正确,以及上次的总体分类的准确率,来确定每个样本的权值。将修改过权值的新数据集送给下层分类器进行训练,最后将每次训练得到的分类器最后融合起来,作为最后的决策分类器。使用adaboost分类器可以排除一些不必要的训练数据特征,只关注关键的训练数据。这样看来，AdaBoost算法的效率取决于两个因素：一个是训练数据的规模，如果训练数据太少的话，那AB算法无法通过足够的迭代来形成强分类器；另一个是要分类的对象是否可以真正分开，因为AB算法依赖于弱分类器的精度，如果分类对象本身很难区分，如一个词的意义非常接近的两个义项。所以我们预计AB算法在义类消歧中应该会有好的效果，但是对于低频词来说，则难以发挥作用。

决策树模型（Decision Tree Model, Ross Quinlan, 1993; Seong-Bae Park, Byoung-Tak Zhang and Yung Taek Kim, 2003）。决策树模型是统计自动分类技术中应用较多的一个方法。每个决策树都表述了一种树型结构，它由它的分支来对该类型的对象依靠属性进行分类。每个决策树可以依靠对源数据库的分割进行数据测试。这个过程可以递归式地对树进行修剪。当不能再进行分割或一个单独的类可以被应用于某一分支时，递归过程就完成了。决策树模型产生的分类规则易于理解，准确率较高。同时，决策树也可以依靠计算条件概率来构造，如果依靠数学的计算方法则可以取得更加理想的效果。决策树方法通过训练语料来构造分类规则，这和我们用规则方法构造义类体系的过程是一致的，如果我们定义义类的区分规则可以被构造成规则树的话，这个方法将得到很好的效果。该方法的缺点是，在构造树的过程中，需要对数据集进行多次的顺序扫描和排序，因而导致算法的低效，也说明这个算法对低频词可能效果不好。类似的方法还有决策表（Decision Table）和随机树（Random Tree）模型。

支持向量机模型（Support Vector Machine Model, J. Platt, 1998; Joachims, T., 1999; Lee, Y. K. & Ng, H. T., 2004）。支持向量机的提出有很深的理论背景，是近年来提出的一种新方法。SVM的主要思想可以概括为两点：（1）它是针对线性可分情况进行分析，对于线性不可分的情况，通过使用非线性映射算法，将低维输入空间线性不可分的样本转化为高维特征空间，使其线性可分，从而使得高维特征空间采用线性算法对样本的非线性特征进行线性分析成为可能；（2）它基于结构风险最小化理论之上，在特征空间中建构最优分割超平面，使得学习器得到全局最优化，促使整个样本空间的期望风险以某个概率满足一定上界。简单来说，如果决定某词的义类是需要用到跨距搭配等特征的话，那对这个词的分类就是线性不可分的，SVM可以解决这类问题，从线性特征中选取有效的分类特征。

(二) 实验环境和参数设置

我们的消歧实验使用开源的数据挖掘平台 WEKA（Waikato Environment for Knowledge Analysis，Ian H. Witten，Eibe Frank and Mark A. Hall，2011），这个工具由新西兰 the University of Waikato 的 Ian H. Witten 和 Eibe Frank 领头开发，是基于 JAVA 环境下开源的机器学习以及数据挖掘（data minining）软件。该软件被广泛地应用于各类数据挖掘问题，是目前很受欢迎的数据挖掘软件（见图3）。

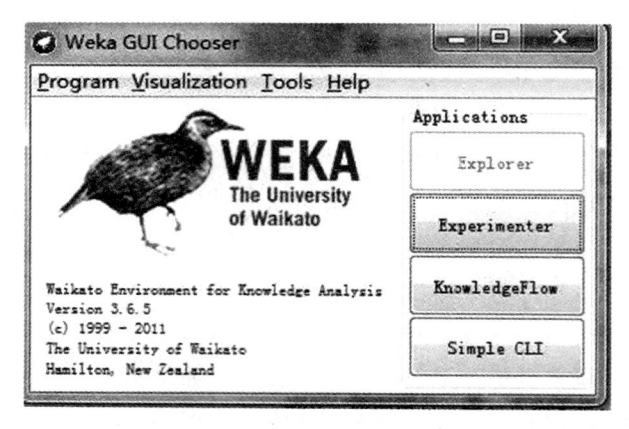

图3 WEKA 主界面

我们使用该平台下的七种分类器进行消歧实验，我们对每个多义类词进行七次消歧实验，以观察结果。（WEKA 的选择分类器界面如图4所示。）

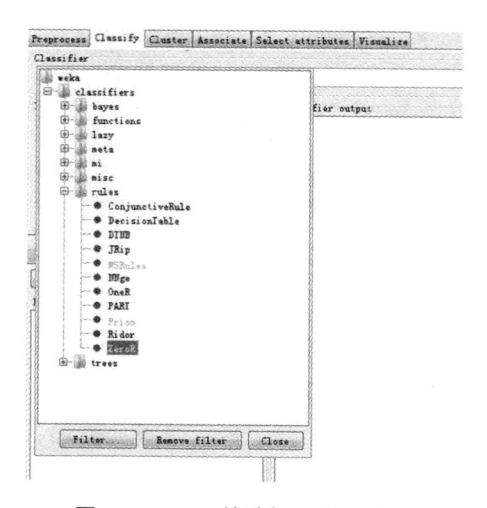

图4 WEKA 的选择分类器界面

WEKA 为每个分类器提供了详细的参数设置选项,以方便研究者测试分类器的效果(见图 5)。

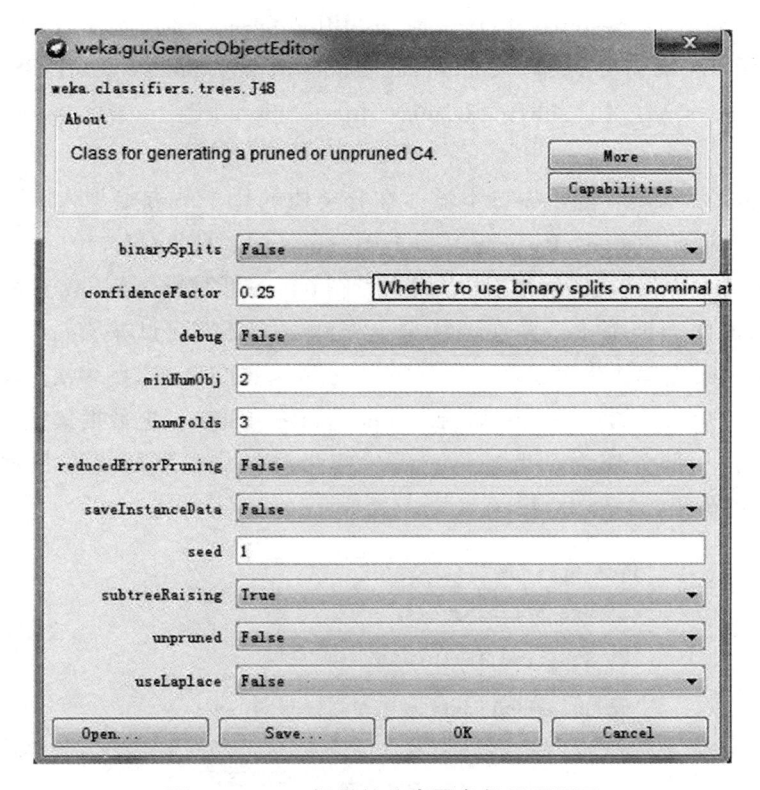

图 5　WEKA 提供的分类器参数设置界面

由于我们的研究目的并不是探讨分类算法的优劣,所以对每一种分类器我们都采用了默认设置。

Naïve Bayes:简单贝叶斯分类器。useKernelEstimator:Default;useSupervisedDiscretization:Default。

BayesNet:贝叶斯网络分类器。Estimator:SimpleEstimator;searchAlgorithm:K2-P 1-S BAYES;useADTree:False。

SMO:使用线性最小优化算法训练支撑向量机分类器。BuildLogisticModels:false;Parameter c:1;espilon:1.0E-12;filtertype:normalize training data;kernel:PolyKernel;numFolds:-1;randomSeed:1;toleranceParameter:0.001。

AdaBoostM1:classifier:DecisionStump;numIteration:10;seed:1;

weightThreshold: 100。

Decision Table: 决策表分类器。crossval: 1; evaluationMeasure: default; search: BestFirst-D 1-N 5; useIBK: false。

J48: 决策树分类器。ConfidenceFactor: 0.25; minNumObj: 2; numFolds: 3; seed: 1; subTreeRaising: true; unpruned: false; useLaplace: false。

Random Tree: 随机树分类器，在分类树的每个节点上加入 k 个随机选择的特征。Kvalue: 0; maxDepth: 0; minNum: 1; seed: 1。

WEKA 中设置了四种测试方式（见图6）：封闭测试（close fest），把全部数据作为训练集，并在训练集上作测试；外部测试集（open test）：用另一个数据集作为测试集；交叉测试（cross validate）：用多次封测的方式得到一个最后的结果；分割测试（percentage split）：把数据集按一定比例分割，一部分作为训练集，一部分作为测试集，默认设置数据集的 66% 为训练集，34% 为测试集。

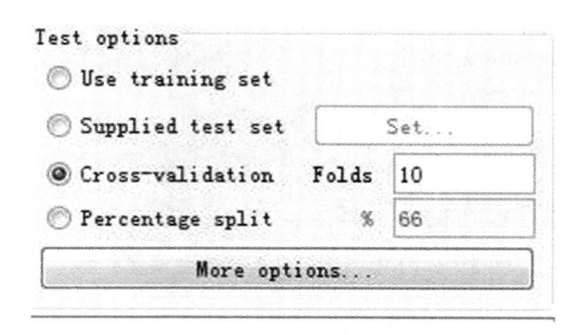

图6　WEKA 提供的测试方式

第一种和第三种测试方式为封闭测试，第二种和第四种为开放测试，我们选择第四种测试方式。需要说明的是，考虑到数据稀疏的影响，我们不对词频在 13 以下，也就是特征数量不到 13 的多义类词进行分类实验，因为只有4条测试数据，数据量太小，结果如果是75%的正确率，那么与100%的正确率只有一条错误标注的差距，而且这么小的测试数据集，结果不可靠，所以我们的实验只对 560 条频次大于 13 的多义类动词进行测试。

（三）分类特征

输入 WEKA 的数据集是以特征向量的形式存在的，所以选择合适的特征是自动分类的关键。我们的语料库目前只提供了词语的线性组合信息，没有结构化信息。有些结构化信息，如词语的句法功能、词语的句法依存关系，是没有办法从线性信息中得到的；而有些结构化信息，如语义的选择限制，是可以从线性信息中近似得到的，我们可以假设与目标词邻接的词语和目标词有语义上的搭配关系（事实上很多搭配都是线性邻接的），当然这种假设是很粗浅的近似，在实际分类中会有很多噪声的干扰。

在目前的分类实验中，我们假设词语的义类只受到词语所在句子中上下文的影响，上下文指词语所在的一个由整句结束符号结尾的句子。从上下文中抽取的分类特征有以下这些：

目标词位置：<head, end>，处于句首或句末的词语被认为对义类有一定的影响。该特征指目标词 W 是否处在句首或句末位置，我们判断位置的依据是一个小句，即，即使词 W 不是出现在内存下标 0 或者最后的位置，当它前面或后面是一个标点符号的话，依然认为它处于句首或句末，这个特征在词性特征中表示；

词性标记：$<P_{-i}\cdots P_{-1}, W, P_{+1}\cdots P_{+i}>$，是出现在目标词 W 范围长度 i 内的词性标记，我们假设目标词前后的词性标记对目标词的词义有影响，在我们的实验里，i=2；

义类标记：$<WSC_{-i}\cdots WSC_{-1}, W, WSC_{+1}\cdots WSC_{+i}>$，是出现在目标词 W 上下文中的义类标记，我们假设上下文词语的义类标记会对目标词 W 的可能的义类标记起提示作用，并且假设和目标词邻接的词语和目标词有搭配关系，在我们的实验里，i=2。

除了这些类型化的特征信息，我们还加入了特征词的词性和义类标记与待消歧词之间的转移概率信息。句子是由词组成的词的序列，在序列中，词不是相互独立的个体，也就是说，一个词不可以任意出现在句子中，词的出现受一定语境，即上下文的词的影响。同理，一个句子的义类标记串也是一个变量不相互独立的序列。句子的这种特征使得句子可以被看作典型的马尔可夫序列。义类标注是对一个连续的词串赋予标记的过程，这个过程可以看作标记从一个状态到另一个状态的转移过程。在马尔可夫序列中，当前词的标记是可以由前词的标记估计出来的：

$$P(w_n \mid w_1\cdots w_{n-1}) = \frac{P(w_1\cdots w_n)}{P(w_1\cdots w_{n-1})}$$

这个模型可以被用来描述义类序列并进行多义类消歧。第一，n元模型假设序列中的变量之间存在一定的依赖关系，这与句子的情况相符合，相邻的词大多存在意义上的搭配关系；第二，义类是比义项更宽泛的意义单位，数量少，训练出来的模型更加稳定，相比词形序列和义项序列，义类序列训练出来的模型受数据稀疏的影响更少。

使用该模型进行义类消歧需要考虑两个问题：一个是n元模型的取值，一个是义类标记为空的情况。是否取值越大，训练结果越好呢？从语言学的角度来看，前词越多，对确定当前词的值越有利，因为可以获得更多的信息。从实际操作的角度来看，取值越大，串越长，则受数据稀疏的影响就越大，如果取值为2（i=2），则：

$$P(w_1\cdots w_n) = P(w_1) \prod_{i=2}^{n} P(w_i \mid w_{i-1})$$

如果n为3（i=3），则：

$$P(w_1\cdots w_n) = P(w_1) P(w_2 \mid w_1) \prod_{i=3}^{n} P(w_i \mid w_{i-2}, w_{i-1})$$

对于当前词来说，获取前两个词与自身共现的概率要小于前一个词与自身共现的概率，而且参数数量会随着n元模型取值的增大而呈几何级数增长。在我们的实验中，我们计算目标词与前词的转移概率：位置为2的前词，计算它与位置为1和目标词的三元词性标记、义类标记转移概率；位置为1的前词，计算它与目标词的二元词性标记、义类标记转移概率。

所以，输入分类器的特征向量中含有10个特征，分别是：前第二个词的词性标记；前第二个词的义类标记；前第二个词与前第一个词和目标词的三元词性标记转移概率；前第二个词与前第一个词和目标词的三元义类标记转移概率；前第一个词与目标词的二元词性标记转移概率；前第一个词与目标词的二元义类标记转移概率；后第一个词的词性标记；后第一个词的义类标记；后第二个词的词性标记；后第二个词的义类标记。所有的缺失值用"？"表示。

需要解释的是，在研究方法和定义义类体系部分，我们都强调了论元结构/语义角色对建立义类体系的重要性，但是自动消歧实验中却没有用到这个重要的分类特征，原因是：①使用论元结构/语义角色特征必须使用标注了相关信息的语料库，而建立这样的语料库完全是另外的任务，超出了我们的研究范围；②虽然目前有已标注论元结构/语义角色信息的语料库存在，如Chinese Propbank，但是难以迁移到我们使用的语料库中。

（四）实验结果

词义自动消歧的结果是模型和词义知识共同作用的结果。我们认为，分类器消歧正确率达到90%以上可以认为是"优异"的，达到85%以上可以认为是"良好"的，75%以上可以认为是"可接受"的，本节通过分析语料库中多义类词的义类特征，讨论自动消歧实验的结果。

分类器的消歧结果：

我们从两个方面评价分类器的优劣：平均消歧正确率，分类器对560个多义类词消歧正确率的平均数，平均消歧正确率越高说明分类器效果越好；消歧结果优异率，分类器在560个消歧结果中取得大于90%正确率的结果比例，比例越高，说明效果越好。

表14　　七个分类器的平均消歧正确率和消歧结果优异率

	NB	BN	SMO	ADABST	DT	J48	RDMT
平均正确率	0.851	0.881	0.823	0.886	0.884	0.901	0.859
优异率	0.419	0.562	0.358	0.585	0.605	0.653	0.491

NB：简单贝叶斯分类器；BN：贝叶斯网络分类器；SMO：支撑向量机分类器；ADABST：AdaBoostM1分类器；DT：决策表分类器；J48：决策树分类器；RDMT：随机树分类器。

表14显示，决策树分类器的效果最好，说明训练数据体现了义类定义的分类规则，并且被分类器学习到。支撑向量机的效果相对最差，而且在实验中我们发现，SMO分类器消耗的资源比其他分类器多，尤其是对大数据量的多义类词，如"有"（8036次）、"到"（4900次）等，会导致系统崩溃无法获得分类结果。

词的消歧结果：

对于每个多义类条来说，会有七个消歧准确率，我们取七个准确率中的最高值作为该多义类词的消歧正确率，如七个分类器中只要有一个分类器达到90%的正确率，则我们认为该多义类词在自动消歧实验中获得90%的消歧结果。

表15　　　　　　　　560条多义类词的消歧结果

最高消歧正确率（MP）	比例（%）	累计比例（%）
MP≥0.9	84.1	84.1

续表

最高消歧正确率（MP）	比例（%）	累计比例（%）
0.9>MP≥0.85	11.9	96
0.85>MP≥0.75	2	98
MP<0.75	2	100

已测试的560条多义类词条中，有471条词条获得了优异的消歧正确率（大于90%），占84.1%；有538条词条获得了良好的消歧正确率（大于85%），占96%；有531条词条获得了可接受的正确率（大于75%），占98%（见表15）。结果表明，自动分类算法在我们的义类体系上取得了很好的消歧结果，这个义类体系所表示的词义差别可以通过机器学习的方法在语料库中自动标注。消歧正确率达到90%是一个很好的成绩，虽说获得优异消歧正确率的458条多义类词条不是同一个分类器消歧的结果，但说明这些词在义类区分方面有可分的因素。

在560条多义类词条中，有537条词条在七种消歧算法中至少可以通过一种算法达到超过常用义标注的精度，占95.8%。有344条词条的七种算法全部超过常用义标注精度，占61.4%。需要指出的是，由于机器学习的方法取得了相当好的结果，所以相比之下，超过常用义标注结果并不能代表该算法获得令人满意的结果，因为有的多义类词常用义标注结果很低，所以消歧算法的结果很容易就获得高于常用义标注的正确率。如"折/v"，有六种分类器的消歧正确率超过了常用义标注精度，但是正确率最高的分类器只是达到了66.6%的消歧正确率，这个正确率不能令人满意，它的常用义标注精度仅有33.3%，所以七种分类器中有六种的消歧正确率超过常用义标注结果并不奇怪。又如"射/v"，有四种分类器的消歧正确率超过baseline，它的baseline仅有41.3%，最高的消歧正确率仅达到60%。

自动标注的错误原因分析：

理论可分与工程可分的矛盾。在人工标注阶段，我们使用定义义类的特征来判断词义属于哪个义类，但是这些人可以使用的语言学知识不能完全被基于机器学习的分类器使用。因为人在用语言学特征给词义标注义类的时候，可以不依赖语料，人的语感和大脑中的知识储备就是一个相当完备的训练语料库，人可以补充语料中没有的知识，并且没有数据稀疏的干扰，对于人来说，词频 10 的词和词频 1000 的词没有太大的区别；而基于机器学习的分类器的效率依赖训练语料和语料能够提供的知识，没有充分的训练语料无法训练出好的分类器，训练语料中所没有的知识分类器是当然不可能被利用的，但是分类器有自身的优势，基于统计的方法，可以利用统计模型在训练语料中发现被人忽略或人难以发现的分类知识，这种知识可能不是语言学的，但是对分类起到很好的作用。所以许多在人看来可以被轻易分类的词义，对于分类器来说却是不容易的，而人觉得难以分类的，分类器可能通过技术正确分类，这就是义类的理论可分与工程可分的问题。分类器不具备像人一样多的知识，除非训练语料库提供，比如在词义分类体系中，我们使用句法功能与语义角色关系特征定义义类，但是这些特征没有作为分类特征被提供给分类器，因为在语料库中标注句法和语义角色信息是很耗费人力、物力的事情，这两项工作本身又是计算语言学研究的重要方向，在多义类消歧实验中，我们只提供了待消歧词邻近的词性和义类信息作为消歧特征，这是造成分类器错误的重要原因。

分类特征相似对消歧的影响。对于分类器来说，对待消歧词的判断取决于当前上下文中能够抽取到的分类特征，如果分类器得到的分类特征数据相似或相同，那么就会导致错误的分类。分类器得到这种相似或相同的分类特征数据有几种原因：

1. 不同义类的句法组合特征相似。如名词"伙计"的两个义类标记"1.1.1.1 身份"和"1.1.1.2 关系"：

(315) 当公寓里的伙计替我提了随身小提箱，领我到这房间来的时候，我瞥见这绿影，感觉到一种喜悦，便毫不犹疑地决定下来，这样了截爽直使公寓里伙计都惊奇了。

(316) 例句："我也一样，伙计，"勒罗说，"没有感情演不成戏嘛。"

(315) 中的"伙计"的义类标记是"1.1.1.1 身份"，义类频次 19，(316) 中"伙计"义类标记是"1.1.1.2 关系"，义类频次 3。在定义上，这两个义类的语义角色相同，语义选择限制相同，只是在句法组合特征上有区别，而且区别不大，仅在于"1.1.1.2 关系"可以和表人名的名词在定中结构中互换位置，而"1.1.1.1 身份"只能作定语与表人名的名词构成定中结构，这两个义类在形式上非常相近，所以当一个词兼有这两个义类的时候，分类器就容易出现消歧错误。

2. 语义角色、论元框架相似。如动词"走"① 的义类标记"1.1.2 位移"和"3.1.3 位移"：

（317）他站在一边不走了，嘴里念念有词，不停地抱怨着他们所受的种种苦难——有的是真的，有的是他的幻觉。

（318）有时候，她实在忍不住了，便悄悄走出门去，或到左邻立大嫂家去坐一会，或走后门到后邻度嫂家闲谈。

（317）中"走"的义类标记是"1.1.2 位移"，义类频次为 536，（318）中"走"的义类标记是"3.1.3 位移"，义类频次是 37。它们的区别在于主语的语义角色的不同，"1.1.2 位移"主语的语义角色应为主体，"3.1.3 位移"为施事，但是由于语料库中没有标注语义角色，所以二者定义上的区别无法在语料中体现出来，兼有这两个义类的多义类词就会出现消歧错误。

3. 语义选择限制相似。如动词"有"② 的义类标记"1.1.1 存现"和"1.3.3 所有"：

（319）"我们现在就去爬吧！"有个孩子叫道。

（320）理想，多么诱人的字眼，人类有了理想，才使世界不断向前发展。

（319）中"有"的义类标记是"1.1.1 存现"，义类频次是 5530，（320）的义类标记是"1.3.3 所有"，义类频次是 1849。"1.1.1 存现"表示存在，"1.3.3 所有"表示领有，这两个义类的差别只是在动词和宾语的语义关系上有所不同，而语义限制上没有不同，如"屋里有十个人"和"我有十个人"，前者是"1.1.1 存现"，后者是"1.3.3 所有"，但在语义上却是没有差别的。

---

① 动词"走"有七个义类标记。
② 动词"有"有四个义类标记。

4. 义类的组合特征有包含关系，多义类词的某个义类的组合特征包含了另一个义类的组合特征。如动词"抓"① 的义类标记"3.2.2 一般对象行为"和"3.2.1 人对象行为"。

（321）也许这就是它抓到蝉后首先吃肚子的原因，因为肚子既有肉，又有甜食。

（322）他很少讲话，总是歪坐着，压着一条腿，用手抓着自己的脚踝，很细心地听大家讲。

（321）中的义类标记是"3.2.2 一般对象行为"，义类频次为58，（322）中的义类标记是"3.2.1 人对象行为"，义类频次为139。"3.2.2 一般对象行为"的施事主语是指生物名词，可以是指兽类的名词，也可以是指人的名词，而"3.2.1 人对象行为"的施事主语是指人名词，如"扇"的义项1"摇动扇子或其他薄片，加速空气流动"；再如领域性义类，名词义类"1.1.2.4 昆虫"，它在组合特征上包含了其他兄弟义类的特征，也会出现类似的情况（目前语料库中没有出现包含"1.1.2.4 昆虫"的多义类词）。

第三节 小结

本章使用在第三章、第四章构建的汉语词义义类体系作为标记集对义项语料库进行自动标注，总共标注了名词、动词和形容词共33480条词形，46650个词条，其中名词25517条，动词15920条，形容词5213条。在所有标注义类的词形中，多义类词形有1357条，其中多音多义类词条有36条，能够通过拼音区别义类的词形有19条，对义类消歧的作用不大；多义项多义类的词形有1289条，可通过义项区别义类的词形有1021条，但是由于词典义项的释义不是可靠的词汇信息，所以我们不使用义项作为区别义类的线索。这样，有1338条多义类词形需要自动消歧，进行自动消歧的目的是检验我们的义类体系是否具有很好的区别性，是否适用于自动标注。

首先对多义类词统计各义类标记的频次，发现用高频义类标注法可以

---

① 动词"抓"有三个义类标记。

在 328 条多义类词形中获得超过 90% 的消歧正确率。对另外的 1010 条多义类词形，我们把高频义类标注结果作为基线，评测有监督的自动消歧结果。

考虑到低频词形由于数据稀疏，我们无法对其消歧结果进行有效评价，在 1010 条多义类词形中，我们只对频次大于 13 的 560 条多义类词进行基于机器学习的有监督自动消歧实验，结果有 84.1% 的多义类词形得到了超过 90% 的消歧正确率，96% 的多义类词形获得了超过 85% 的正确率，结果令人满意。

总体来说，多义类词形的总量少，只占所有标注义类词形的 4%，说明义类在很大程度上化解了词的多义问题。基于机器学习的有监督的消歧实验取得了很好的结果，说明这个义类体系适用于语料库自动标注。通过对消歧错误结果的分析，我们发现，由于语料库的数据稀疏，义类定义的特征往往在语料库中抽取不到，造成了大部分的消歧错误，这一问题是由义类的语言学可分与工程可分二者的矛盾带来的。

第六章

基于语料库统计的义类研究

本章主要讨论两个部分的内容，第一部分对义类在语料库中进行统计，得到义类在语料库中的频率和时间分布数据，我们发现，义类出现的频率和类型与不同年级的教材之间没有逻辑关系，我们认为现在的中小学语文教材在选择课文的时候没有考虑词汇教学的需求，所以这种教材不适合用于汉语作为第二语言教学。在第二部分，我们分析了词语的内部构词特征，抽取词语的词根，建立词根与义类的关系，我们讨论词根信息在义类标注中所可能起到的作用，以及在表义中词的内部特征与词的外部特征的互补性。

第一节 义类频率和分布

义类统计是基于语料库的统计，主要考察义类在语料库中的分布情况，包括词义在义类中的分布、各义类的频次和成员词数量，以及通过基于语料库的统计，获取义类的基本统计信息，这在以前是没有人做过的。

一 名词义类的分布及其频率

名词义类第一层分为四个子类："1 具体名词""2 抽象名词""3 时间"和"4 空间"，分布情况如图 7 所示。

在名词义类中，"1 具体名词"的频次占了全部名词的 62.1%，词形数占了全部的 64.4%。在教材语料库中，表具体物的概念是相当重要的，占了名词数量的大半。

"1.1 生物"占了"1 具体名词"义类总频次的 55.8%，"1.2 非生物"占了 43.2%，但是"1.2 非生物"的词形比例比较高（见图 8）。可

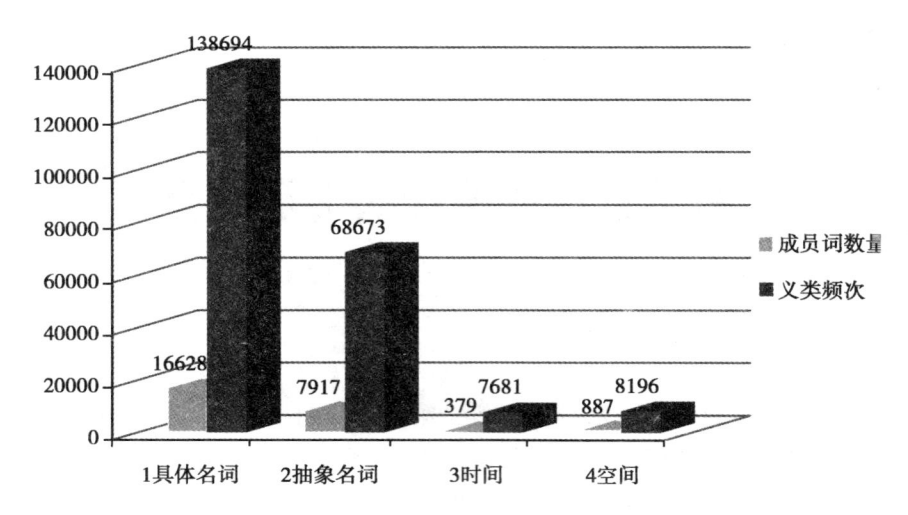

图 7　名词义类的频次和成员词数量分布

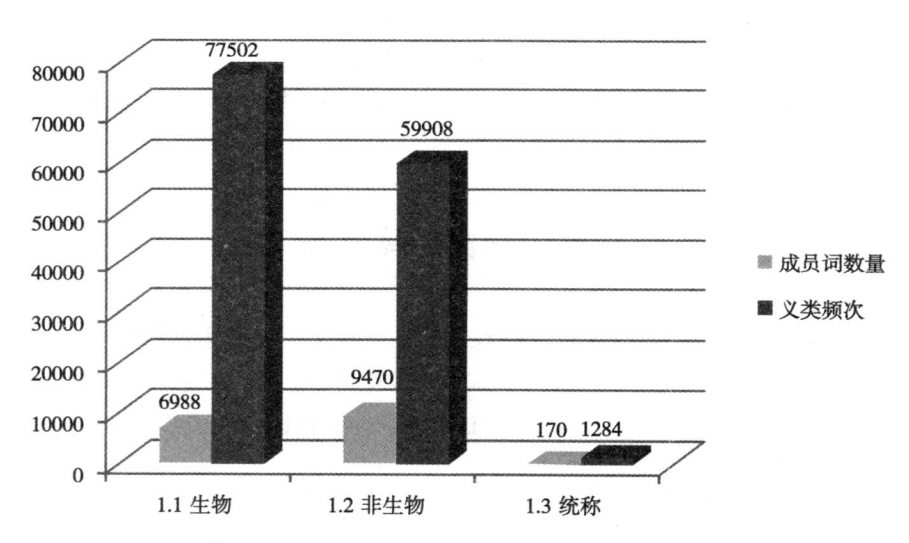

图 8　名词义类"1 具体名词"子类的频次和成员词数量分布

见在具体名词内部，生物和非生物概念的重要性是大致相当的。在"1.1 生物"中，"1.1.1 人"的频次比例为 48.6%，词形数量比例为 40%，表人概念的名词在语料中的重要性很明显（见图 9）。"1.1.5 生物部分"包含了指所有生物的部分的名词，所以数量也很多。

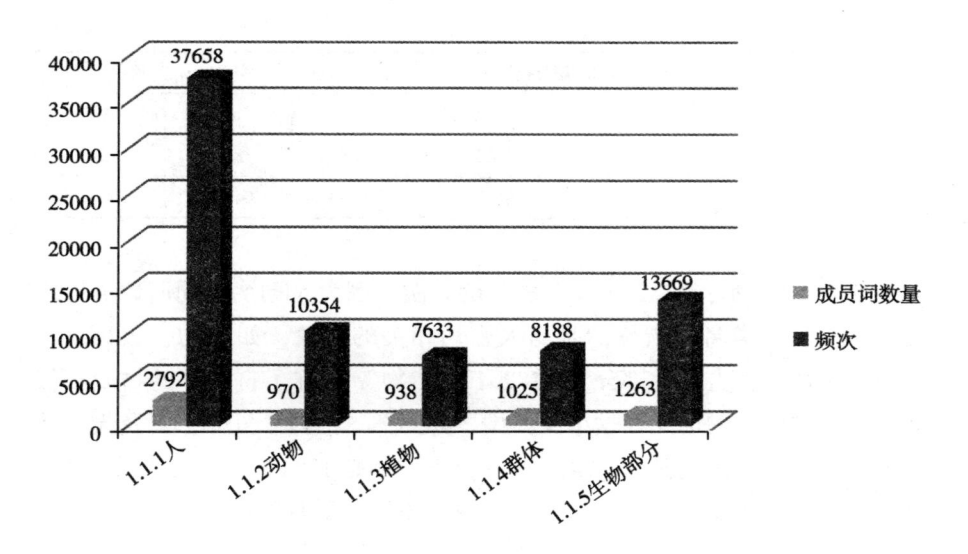

图9　名词义类"1.1生物"的子类分布

表16　　　　名词义类"1.1.5生物部分"的子类分布

义类标记	叶子节点数量	成员词数量	比例（%）	频次	比例（%）
1.1.5.1肢体	1	315	25	6700	49
1.1.5.2器官	1	107	8.5	1604	11.7
1.1.5.3其他	1	841	66.5	5365	39.2
总数	3	1263	100	13669	99.9

如表16所示，"1.1.5.1肢体"的频次比例为49%，词形数量比例为25%，说明该类的成员词里面有一些高频词。我们认为，这可能是"1.1.5.1肢体"的组合特征引起的：第一，"1.1.5.1肢体"的宿主名词是指生物名词，生物名词的频次和成员词数量都很多；第二，该类名词可以充当施事和表动作行为的动词组合构成主谓结构，而"1.1.5.2器官"和"1.1.5.3其他"不具备这样的组合特征。

表17　　　　名词义类"1.2非生物"的子类分布

义类标记	叶子节点数量	成员词数量	比例（%）	频次	比例（%）
1.2.1自然物	6	1771	18.4	20673	32.0
1.2.2人工物	10	6578	68.4	34965	54.1

续表

义类标记	叶子节点数量	成员词数量	比例（%）	频次	比例（%）
1.2.3 废弃物	3	246	2.6	848	1.3
1.2.4 非生物部分	3	1025	10.7	8188	12.7
总数	22	9620	100	64674	100

如表17所示，"1.2.2 人工物"的频次比例为54.1%，词形数量比例为68.4%，该类名词指称的是与人密切相关的对象，如食物、衣物、工具等，在数量上占了大部分。"1.2.1 自然物"指称了自然界的物质，很多表达基本概念的词义在这个义类中，如固体、液体、气体，以及天文地理概念，它的频次比例为32%，词形数量比例是18.4%。"1.2.3 废弃物"指称的对象对人没有用处，从概念上说，该类名词并不重要。

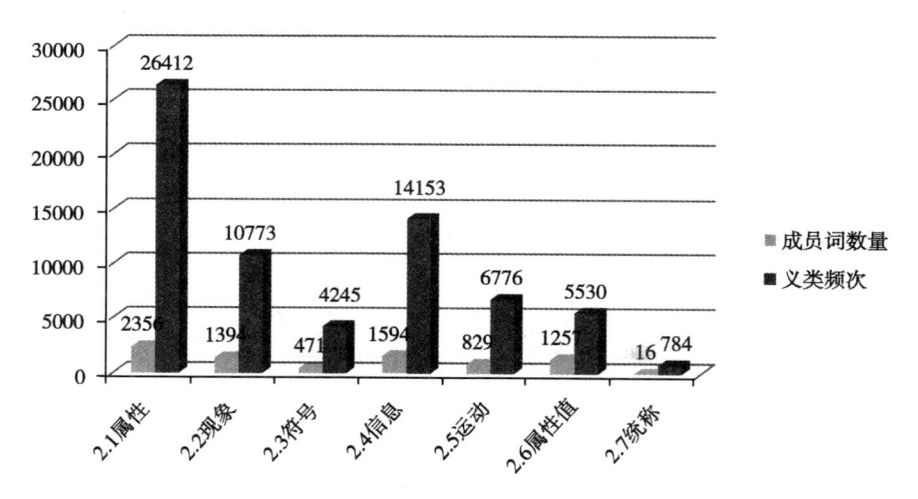

图10　名词义类"2 抽象名词"子类的频次和成员词数量分布

图10是名词义类"2 抽象名词"子类的频次和成员词的数量分布"2.1 属性"指称了事物的各种特征，是描写事物的重要工具，所以数量在抽象类名词中最多，频次比例为38.5%，词形数量比例为30%，相比"1 具体名词"的三个子类，"2.1 属性"有六个兄弟义类，所以它的频次比例和词形数量比例是很高的。"2.6 属性值"数量少，可能是由于该类词在指称的概念、语义功能和句法功能上与形容词很接近，所以数量不多，可以由近义或同义的形容词替代。"2.4 信息"指称的抽象物是人造的，与人的关系很密切，数量也很多，频次比例21%，词形数量比例

20.1%，数量也很多。

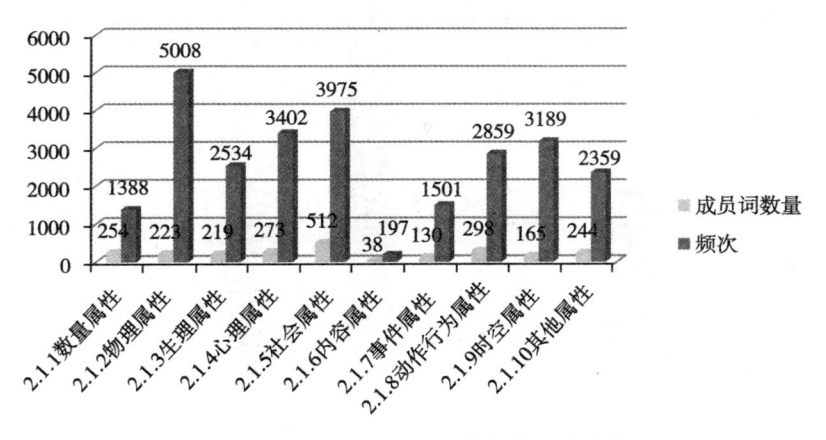

图 11　名词义类"2.1 属性"的子类分布

"2.1.2 物理属性"的宿主是具体物，包括生物和非生物，它的数量最多，频次比例为 19%，词形数量比例为 9.4%。"2.1.3 生理属性"的宿主是生物名词，"2.1.4 心理属性"的宿主主要是指人名词，少部分为指其他生物的名词，这两类的数量也不少，频次比例为 22.5%，词形数量比例为 21%。"2.1.5 社会属性"指称的概念与人和社会紧密相关，该类数量在"2.1 属性"类中仅次于"2.1.2 物理属性"，频次比例为 15%，词形数量比例为 21.7%。"2.1.9 时空属性"与事物的存在和运动有关，频次比例为 12.1%，词形数量比例为 7%。"2.1.7 事件属性"和"2.1.8 动作行为属性"的宿主是运动类名词，运动是具体物发出的，与具体物密切相关，这两类的频次比例为 16.5%，词形数量比例为 18.2%。名词义类"2.1 属性"的子类分布情况如图 11 所示。可以看出，宿主是具体物、是生物的属性数量比较多。

从上面的统计数据我们可以得到这样的结论：在小学、初中语文教材中，越是与人概念接近的名词义类，其数量越多。

二　动词义类的分布及其频率

动词第一层有四个子类："1 自主变化"、"2 关系动词"、"3 行为活动"和"4 能愿"，分布情况如图 12 所示。

"3 行为活动"指称的是有施事的运动，施事一般是有主动行为能力的生物，如人或动物，不可以是无行为能力的生物、非生物名词等，该类

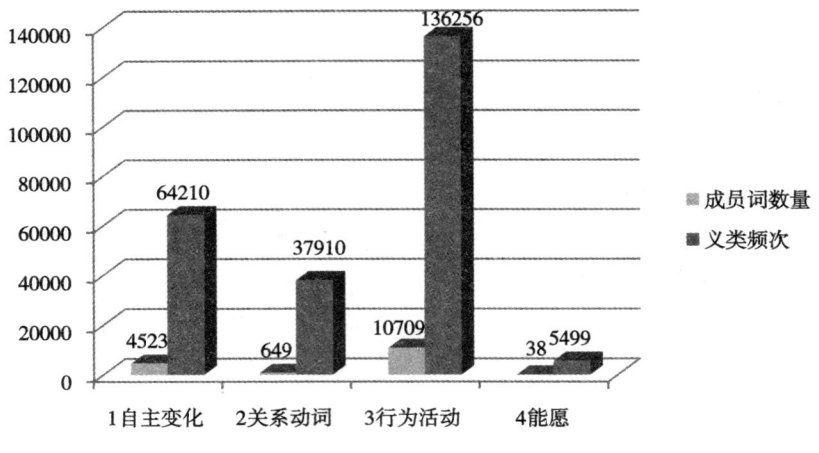

图 12　动词子类的频次和成员词数量分布

的数量最多,频次比例为 55.9%,词形数量比例为 67.3%。"1 自主变化"指称的是无施事运动,包含了大多数的自然运动、现象等动词,其主体可以是自然物、无主动行为能力的生物。"2 关系动词"指称的不是运动,是关系,而"4 能愿"类在用法上与副词更像,所以这两类数量都不多。

"1 自主动词"的子类分布相对平均(见表 18)。

表 18　动词义类"1 自主变化"子类的频次和成员词数量分布

义类标记	叶子节点数量	成员词数量	比例(%)	频次	比例(%)
1.1 过程	3	596	13.2	25802	40.2
1.2 状态	6	2561	56.6	16226	25.3
1.3 经历	5	1366	30.2	22182	34.5
总数	14	4523	100	64210	100

"3 行为活动"中,"3.3 社会活动"的子类的施事一般是人或者人的群体,与人密切相关,数量最多,频次比例为 45.6%,词形数量比例为 43.6%;"3.4 心理活动"的子类的施事一般是人,"3.1 自动行为"和"3.2 对象行为"都有施事为人的子类。"3 行为活动"子类的分布情况如图 13 所示。

从以上的统计数据来看,中小学教材语料库的动词义类与人有很大的

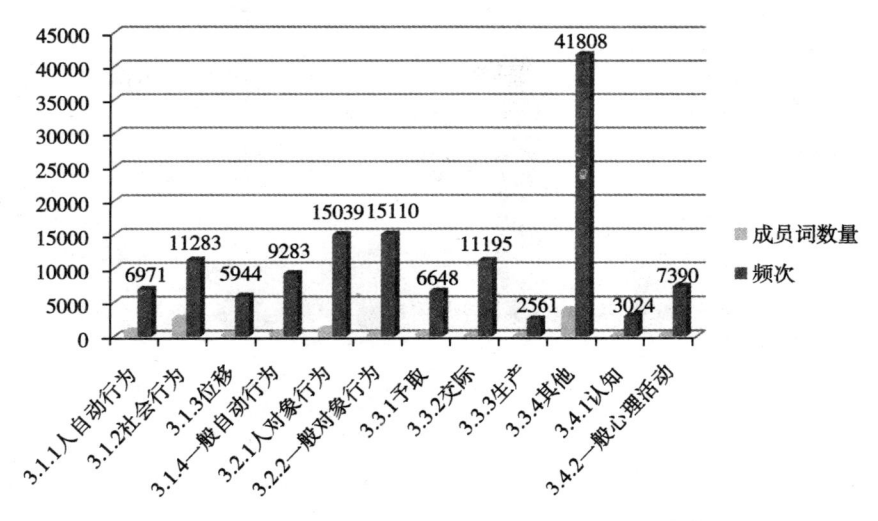

图13 动词义类"3 行为活动"子类的频次和成员词数量分布

关联,重视指称由人发出的动作、行为和活动的动词。这种与人相关的倾向在动词中表现得比在名词中更为明显。

三 形容词义类的分布及其频率

根据形容词的价性,形容词义类分为两个子类:"1 二价形容词"和"2 一价形容词"。"1 二价形容词"只有一个叶子节点,频次有339次,词形20个,形容词义类主要集中在"2 一价形容词",该类下分四个子类:"2.1 生物值","2.2 属性值","2.3 方式事件值"和"2.4 时空值",分布情况如图14所示。

表19是"2.2 属性值"的分布情况。"2.2 属性值"指称的对象很广泛,只要宿主可以不限于表生物、表运动和表时空概念的属性值都分入该类,所以该类数量占了大多数,频次比例为71.7%,词形数量比例为66.7%。

图15是"2.1 生物值"的分布情况。"2.1 生物值"中,"2.1.2 心理值"和"2.1.3 品性值"的宿主大多数是指人名词,这两个义类的频次比例为73.5%,词形数量比例为71.6%。该类形容词也显示出了词义与表人概念接近的倾向。

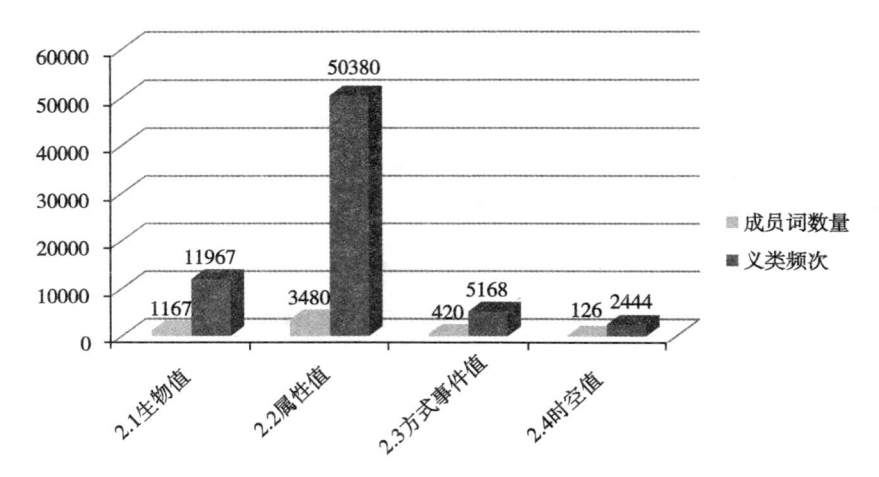

图 14 形容词义类"2 一价形容词"子类的频次和成员词数量分布

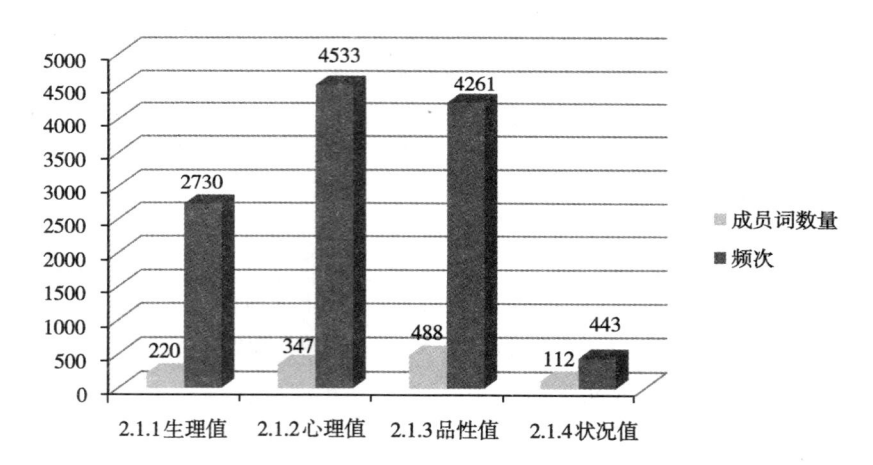

图 15 形容词义类"2.1 生物值"子类的频次和成员词数量分布

表 19 形容词义类"2.2 属性值"子类的频次和成员词数量分布

义类标记	叶子节点数量	成员词数量	比例（%）	频次	比例（%）
2.2.1 物理值	2	1423	40.9	23096	45.8
2.2.2 内容值	1	181	5.2	1579	3.1
2.2.3 状态值	1	644	18.5	5504	10.9
2.2.4 其他	1	1232	35.4	20201	40.1
总数	5	3480	100	50380	100

"2.2属性值"的子类分布比较平均，看不出倾向性。

第二节 义类的内部特征

义类的内部特征指的是义类成员词所共有的词根，即义类的词根，这些成员词共同的词根会对词的义类有提示作用，通过分析成员词的词根与义类的关系，我们可以得到义类的词根信息。这里的词根是指复合词中具有指示词义作用的语素，如偏正结构中的中心语，动宾结构中的述语。汉语的书写符号汉字是意义符号，汉语的符号体系直接承载了意义。印欧语系的语言的书写符号是表音符号，我们可以通过英文的构词特征去大致猜测一个生词的读音，但是很难猜测它的大概意思。而汉语的词根在构词上有较强的推理能力，如以词根"人"结尾的词语基本上表示了类似的意义，有很大可能属于同一义类，说汉语的人往往可以只看词语本身就知道词的意义，也可以用词根进行新词的再造，而且根据我们的研究，义类体系多少都有属于自己的稳定词根。而英语则不具备，英语中具备意义推理能力的词素多以词缀形式出现，但是词缀的歧义问题是很严重的，如"er"，虽然是一个能产能力很强的词缀，但是它表达的意义太多，如"player, killer, speaker"中，er表示"人"，而在"launcher, player, speaker"中，er表示"某种机器设备"，即使具备很强的推理能力，er也不是一个属于某种概念的稳定的词缀。所以，说英语的人更多地要依靠词所在的环境，激发类似的概念，完成对词义的理解。比如，对于"pterodactyl"这个词，一个没有相关领域知识的人可能需要去查词典才能知道它的大概意义，在汉语中我们用"翼龙"这个词形来记录这个对象，一个没有相关领域知识的人可以大概猜得到它表示的意义，至少可以把它和"动物、龙、恐龙、巨龙"这些词义联系起来。所以，词根为定义和标注汉语义类体系提供了很多有用的信息。基于这个思想，Huihshin Tseng, Keh-Jiann Chen（2002）设计了一个汉语的构词法分析器，这个分析器把一个合成词分成语素，标注语素间的句法关系，然后提取合成词的词根，用以预测未登陆词的义类。Huihshin Tseng（2003）利用这个分析器，对台湾中研院语料库中的词语标注义类，标注集是同义词词林，标注对象是语料库中未出现在词林词表中的词，使用K邻近算法，计算每一个待标注词与具有词林中相同词根的词语在词林上的词义相似度，获取相似度最高的那个词，得到义类标记。这个方法在形容词中获得了 64.2% 的正确率，在名词中获得 71.77% 的正确率，在动词中获得 53.47% 的正确率，比 baseline 正确率均有小幅提高。Huihshin Tseng（2003）的实验说明了汉语的词根信息对词语的义类标注有一定的提示作用，某些词根会有倾向性地表达某种概念意义。汉语的这种特性使得以汉语为母语的人可以根据词根去猜测词义，而不必总是要通过观察上下文去理解词义。

一 义类内外特征的互补关系

固定词根是具有表达某一个义类概念的倾向性的语素，一个义类的固定词根数量越多，则说明其内部特征越充分，因为我们有较大的可能性通过词根信息来判断词义的义类概念，假设某个义类所有的成员词共有词根 100 个，其中有 50 个词根是该义类的固定词根，那么我们可以有一半的机会，仅通过词根就可以判断词义属于哪个义类。根据语感，当遇到一个生词的时候，人们往往通过词根去猜测它的大概意义，然后在实际使用中去修正，如果人们能够有很大的把握相信词根的意义代表了词义，那他们很可能不会特意去通过查词典或者参照一些上下文去确认词义，比如当看到有词根"鸡"的词，我们会更倾向于认为整个词义指称的是一种鸟类或家禽，当看到词根是"蛙"的词，我们会更倾向于认为整个词义指称的是一种两栖类的动物，所以第一次看到"田鸡"这个词的人可能会认为它指称了一种家禽，但是在具体语境中发现这个词义和"青蛙"是一样的。由此，我们可以说：当一个词语没有相对固定的表达某个概念的词根时，人们才需要通过搜集一些该词语使用的句子，通过获取该词的外部组合特征了解词义。义类的外部特征是词与词的句法语义组合关系，内部特征是词的构词法，即语素间的句法语义组合关系，二者在性质上是相同的。如果我们希望使用语言学知识去获取词义所表达的概念信息，那我们所能利用的知识就是词义的外部和内部知识，两种知识至少要有一种起作用，否则只能去寻求语言学以外的知识了。在第三章、第四章构建义类体系的研究中，我们使用词义间的句法语义组合特征定义义类，但有一些义类难以使用这种外部的组合特征去描写：比如有些词义在语义上具有明显的共同性，但在外部的组合特征上却不明显，我们只能按照领域特征进行分类；有些词义的外部组合特征很少，或者限制很松，只能符合某个父节点的义类定义，而无法细分入该父节点以下的任一子节点中，由于我们只用义类体系的叶子节点标注词义，所以对这种词义只能在父节点下设立一个其他类，作为杂类收容这类词义。所以，我们可以假设：定义义类的外部特征和内部特征在一定程度上是互补的，如果定义一个义类所使用的外部特征不充分，那么它的内部特征就应该相对充分；反之，它的内部特征不需要那么充分。这个假设描述了给词义标注义类时存在的义类的内部特征和外部特征的互补性。在本项研究中，我们通过统计义类的内部特征与外部特征的充分程度，研究这种义类的内部特征和外部特征的互补关系。义类外部特征的充分程度体现在义类定义中是否有足够明确的组合特征，义类的内部特征的充分程度则定义为一个义类中能够固定表达该义类概念的词根的数量。

二　计算方法

在获取义类的固定词根之前，我们要分析出复合词的构词法，即词内部语素间的句法关系，然后根据构词法抽取词根，然后得到义类的固定词根。本研究中，我们定义了三大类构词法。

并列关系：语素的地位同等重要，词义并不偏向于某个语素，每个语素都是词根。它包括重叠、并列两种构词关系。

偏正关系：词义由中心语语素决定，中心语是词根，偏的部分在中心语之前修饰、限制中心语，在词义中不起主要作用。包括定中关系、状中关系、前缀词。

中补关系：词义由中心语语素决定，是词根，补语在中心语之后补充、限制、说明中心语。包括动补关系、形补关系、名补关系、名量关系、数量关系、后缀词。

我们根据复合词的构词法抽取词根，计算义类的固定词根的数量。当一个词根在某个义类中出现的数量超过其在其他义类体系中出现的总数的一定比例时，我们认为它是这个义类的固定词根，我们可以通过固定词根了解义类表达的概念意义，在义类的外部特征不充分的情况下，固定词根可以作为标注词义义类的内部特征。其中出现数量的定义是义类中由该词根构词的成员词的数量。需要说明的是，目前的分析没有考虑多层构词的问题，我们只对复合词作一层构词分析，如"烂肉面"实际上是一个两个 ah 关系的复合词，准确的切分应该是"［［烂］a［肉］h］a［面］h"，但我们只是分析成"［烂肉］a［面］h"。

问题是我们如何计算词根在义类中的出现比例,即如何确定义类中的词根哪些是义类的固定词根,这关系到如何证明和研究词在表义中内外特征的互补性质。一个做法是把整个义类体系作为样本总体,我们称为全局总体,那么词根在某义类中出现的比例的计算方式为词根在这个义类中出现的频率除以词根在其他所有义类中出现的频率,如果我们的义类体系中共有 n 个义类,那么词根 m 在义类 W_i 中的出现比例为:

$$P(m \mid W_i) = \frac{f(m \mid w_i)}{\sum_{i=0}^{n} f(m \mid W_i)}$$

这个方法的问题在于,我们比较的是义类体系中所有义类标记的词根特征,但实际上这样做是没有意义的,因为在义类体系中距离很远的两个义类,它们在外部的句法、语义角色和选择限制特征方面已经可以区分开了,如"1.1.1 人"和"2.1 属性"在句法功能和语义角色的层面上已经可以清楚分开,不需要运用词根信息,只有当外部的组合特征的区别性不强的那些义类,才需要用到义类的内部词根特征。如对于具体物这个大类来说,"1.1 生物"类与"1.2 非生物"类的外部特征已经足以对二者作出区分,词根信息这时显得无关紧要,但是对于"1.1.1 人"类的四个子类"1.1.1.1 身份""1.1.1.2 关系""1.1.1.3 超人""1.1.1.4 其他"来说,从我们在第四章对名词义类的定义看,这四个兄弟义类的外部特征的定义的约束力不强,这时我们需要来看词根特征是否有较强的约束力,如果这四个义类的词根特征都有较强的约束力,那么我们可以说,词根特征这时对外部的组合特征构成了一定的补充作用,在这里,计算词根在个体义类中出现的比例的局部总体是这四个义类中的成员词的所有词根数量。所以,我们采取不同的做法,当我们要计算词根 m 在义类 W_i 中的出现比例时,其总体为词根 m 在义类 W_i 以及它的所有兄弟义类中出现的频次,我们称为局部总体,而不是词根 m 出现在义类体系中所有的义类中的频次,这样我们才可以去比较义类内外特征的关系。如果义类 W_i 有 m 个兄弟义类,那么词根 m 在义类 W_i 中的出现比例为:

$$P(m \mid W_i) = \frac{f(m \mid W_i)}{\sum_{i=0}^{m} f(m \mid W_i)}$$

我们定义,当一个词根在某个义类中出现的数量占其在样本总体中出现总数的比例超过 70% 的时候,我们认为该词根是该义类的固定词根。

我们计算义类词表中每个义类的词根数目与固定词根数目，得到固定词根比例，然后以固定词根比例分别对名词、动词、形容词义类进行排序，比例越高说明该义类的成员词用词根这种内部特征去表示词义概念的倾向越高。我们先来看一下以整个义类体系的词根为样本总体时的计算结果，名词义类中有 4 个义类的固定词根超过了其词根的 80%，有 15 个超过了 50%，余下的 57 个义类都只有不到 50% 的固定词根，其中有 18 个义类的固定词根比例小于 20%，形容词义类的固定词根比例全部小于 50%，动词义类的固定词根比例全部小于 30%，这样的数据是无法支持我们的观点，也不符合我们的语感。所以，我们以参与对比的几个义类为样本总体计算义类的固定词根比例。下面我们用名词"1.1 生物"类和动词"1 自主变化"类做两个个案研究。

三 个案研究一：名词义类"1.1 生物"子类的固定词根比例

我们用局部总体的方法来计算义类的词根在义类中的出现比例。"1.1 生物"下的五个子类"1.1.1 人""1.1.2 动物""1.1.3 植物""1.1.4 群体"和"1.1.5 生物部分"，它们五个兄弟义类在外部特征的区别上比较明显："1.1.1 人"可以与表社会类、心理类的动词组合成主谓结构，充当施事主语，"1.1.2 动物"不可以，"1.1.3 植物"不可以作施事主语，"1.1.4 群体"在充当某个施事主语时不可以与表示肢体动作的动词组成主谓结构，"1.1.5 生物部分"是一价名词，需要有一个宿主名词。我们来看看它们五个的固定义类比例，是不是比较高。

表 20　　名词义类"1.1 生物"各子类的固定词根比例

义类	词根数	固定词根数	固定词根比例（%）
1.1.1 人	920	565	61.4
1.1.2 动物	301	275	91.3
1.1.3 植物	326	222	68
1.1.4 群体	323	148	45.8
1.1.5 生物部分	379	251	66.2

表 20 中，除了"1.1.2 动物"的固定词根比例很高之外，其他四个都不高，没能超过 70%，说明这五个兄弟义类的词根对义类的提示作用不是很大，约束作用不强。下面我们来分别考察这五个义类的子类的固定

词根比例，以观测它们的父类的固定词根比例是否会更高。

表 21　　　　名词义类"1.1.1 人"各子类的固定词根比例

义类	词根数	固定词根数	固定词根比例（%）
1.1.1.1 身份	447	352	78.7
1.1.1.2 关系	303	208	68.6
1.1.1.3 超人	59	34	57.6
1.1.1.4 其他	111	63	56.7

"1.1.1 人"各子类的固定词根比例并不高（见表 21），这是因为其下四个兄弟义类的外部组合特征比较充分，"1.1.1.1 身份"与"1.1.1.2 关系"的区别在于后者可以做中心语与表示序列、关系的形容词组合构成定中结构，后者也可以做中心语或定语与人的姓名组成定中结构，而"1.1.1.1 身份"不可以；"1.1.1.3 超人"的选择限制比其他三类都要宽松，具有与动物类和抽象类名词相同的选择限制，如"1.1.1.3 超人"的名词可以飞，可以变身等等；"1.1.1.4 其他"不可与表示机构单位的名词组合，不可与表示序列、关系的形容词组成定中结构，不可以与人的姓名组合构成定中结构。这些外部区别信息已经很充分，所以它们四个义类的固定词根比例都不太高是可以理解的。

表 22　　　　名词义类"1.1.2 动物"各子类的固定词根比例

义类	词根数	固定词根数	固定词根比例（%）
1.1.2.1 兽	99	96	97
1.1.2.2 鸟	77	77	100
1.1.2.3 鱼	44	43	97.7
1.1.2.4 昆虫	72	71	98.6
1.1.2.5 微生物	9	9	100

"1.1.2 动物"各子类的固定词根比例都很高（见表 22），因为这四个兄弟义类的外部组合特征比较弱，"1.1.2.2 鸟"与"1.1.2.1 兽""1.1.2.3 鱼"的区别在于能不能与表示飞行的动词组成主谓结构，"1.1.2.1 兽"与"1.1.2.3 鱼"的区别在于能不能与表示肢体（手、脚、尾巴等）动作的动词组合。这样的区别关系已经是比较细微的了，组合

特征越细致，越难以相互区分，所以这时词根特征很充分，补充了外部组合特征的不足。而"1.1.2.4 昆虫"和"1.1.2.5 微生物"则属于领域式分类，缺乏足够的外部组合特征与其他兄弟义类相区分。

表23　　　名词义类"1.1.3 植物"各子类的固定词根比例

义类	词根数	固定词根数	固定词根比例（%）
1.1.3.1 草木	213	167	78.4
1.1.3.2 果实	113	80	71

"1.1.3 植物"两个子类的固定词根比例不算很高（见表23），原因是"1.1.3.2 果实"可以作食用义动词的受事宾语，可以充当定语与表示食物的人工物名词组成定中结构，而"1.1.3.1 草木"不可以，外部特征是比较充分的。

表24　　　名词义类"1.1.4 群体"各子类的固定词根比例

义类	词根数	固定词根数	固定词根比例（%）
1.1.4.1 机构	56	40	71.4
1.1.4.2 团体	136	111	81.6
1.1.4.3 其他	131	109	83.2

"1.1.4 群体"各子类的固定词根比例中，"1.1.4.1 机构"比较低，而"1.1.4.2 团体"和"1.1.4.3 其他"比较高（见表24），这是因为"1.1.4.1 机构"比"1.1.4.2 团体"有更多的外部组合特征，"1.1.4.1 机构"在语义角色上可以作为处所宾语，可以表示非生物的建筑物义，作为表建筑义动词的结果宾语，可以作为表位移义动词的处所宾语，而"1.1.4.2 团体"没有，它的外部特征显得比较模糊，没有正面表述的特征；"1.1.4.3 其他"与"1.1.4.2 团体"情况相近。后二者的词根特征比较充分，补充了它们不充分的外部特征。

表25　　　名词义类"1.1.5 生物部分"各子类的固定词根比例

义类	词根数	固定词根数	固定词根比例（%）
1.1.5.1 肢体	98	65	66.3
1.1.5.2 器官	51	34	66.6

义类	词根数	固定词根数	固定词根比例（%）
1.1.5.3 其他	230	196	85.2

"1.1.5.1 肢体"和"1.1.5.2 器官"的外部组合特征还是比较充分的，"1.1.5.1 肢体"可以作为施事主语与表动作行为的动词组成主谓结构，"1.1.5.2 器官"则不可，但是它可以作为定语与表生理现象的名词组成定中结构，而"1.1.5.3 其他"则是一个杂类，无明确的外部组合特征，所以内部的词根特征相对充分一点（见表25）。

总体来看，"1.1 生物"类各子类的固定词根比例比它们父类的固定词根比例要高，生物类直属五个子类的外部组合特征比五个子类各自的子类的外部组合特征要充分，但是五个子类各自的子类的内部特征——固定词根比例，则要高出它们的父类，因而当外部组合特征的约束在义类体系的较低层级上放松的时候，较低层级义类的内部词根特征表现出加强的趋势，证明了义类的内部和外部特征随着义类层级的降低和提高有着一定程度上的互补作用。

四 个案研究二：动词义类"1自主变化"子类的固定词根比例

表26　　　动词义类"1自主变化"各子类的固定词根比例

义类	词根数	固定词根数	固定词根比例（%）
1.1 过程	245	55	22.4
1.2 状态	780	456	58.4
1.3 经历	617	299	48.4
均值			43%

"1自主变化"的各子类的外部组合特征的区别是比较明显的，通过动词是否可以带宾语以及论元结构就可以判断词义的义类，所以该类的第一层子类的固定词根比例不高（见表26）。

表27　　　动词义类"1.1 过程"各子类的固定词根比例

义类	词根数	固定词根数	固定词根比例（%）
1.1.1 存现	87	56	64.3

续表

义类	词根数	固定词根数	固定词根比例（%）
1.1.2 位移	131	99	75.5
1.1.3 变化	87	62	71.2
均值			70.3%

"1.1 过程"的三个子类在组合特征上比较接近：都可以带宾语，"1.1.1 存现"可以带处所宾语和结果宾语，"1.1.2 位移"可以带处所宾语，"1.1.3 变化"可以带结果宾语，它们的论元结构也比较相似，所以这层的固定词根比例比上层高（见表27）。

表28　动词义类"1.2 状态"各子类的固定词根比例

义类	词根数	固定词根数	固定词根比例（%）
1.2.1 境遇	449	299	66.6
1.2.2 自然现象	45	9	20
1.2.3 一般状态	458	299	65.3
1.2.4 运动	106	34	32.1
均值			46%

这层的固定词根比例不高（见表28），从句法功能层面上说，前三类都不可带"着"，"1.2.4 运动"可以，从语义的选择限制上来说，"1.2.1 境遇"的主体是表人名词，"1.2.2 自然现象"的主体主语是自然物名词。这四个义类的外部特征已经相对充分，所以固定词根比例低是正常的。

表29　动词义类"1.2.1 境遇"各子类的固定词根比例

义类	词根数	固定词根数	固定词根比例（%）
1.2.1.1 情绪	138	96	69.6
1.2.1.2 生理状态	136	77	56.6
1.2.1.3 其他境遇	283	221	78.1
均值			68.1%

这三个义类的句法功能、论元结构是相同的，在语义选择限制上，"1.2.1.1 情绪"的主体是指人名词，"1.2.1.2 生理状态"的主体是指生物以及生物部分的名词，"1.2.1.3 其他境遇"的主体是指人名词。"1.2.1.1 情绪"和"1.2.1.3 其他境遇"的区别在于意义上，前者是心理状态，后者是社会状态，所以这两个义类的固定词根比例较高，而"1.2.1.2 生理状态"则比较低，而三个义类的平均固定词根比例比上一层高（见表29）。

表30　　　　　动词义类"1.3 经历"各子类的固定词根比例

义类	词根数	固定词根数	固定词根比例（%）
1.3.1 经历	175	96	54.9
1.3.2 感知意向	181	146	80.1
1.3.3 所有	82	30	36.6
1.3.4 影响	251	191	76.1
1.3.5 产生	94	55	58.5
均值			61.2

从句法功能层面上说，这五个义类是相同的。从论元结构角度说，"1.3.1 经历"带对象主语、主体宾语，"1.3.2 感知意向"可带内容宾语、对象宾语，"1.3.3 所有"带对象宾语，"1.3.4 影响"带受事宾语，"1.3.5 产生"带结果宾语。从语义选择限制的角度来说，"1.3.2 感知意向"的主体只能是指人名词，其他义类无差别。这五个义类在论元结构上的特征是比较充分的，所以它们的固定词根比例不高（见表30），但"1.3.3 所有"的外部特征是最不充分的，但它的固定词根比例是最低的，这是比较奇怪的。

上面数据和分析显示，动词类"1 自主变化"的各层子类的外部组合特征和内部词根特征的关系基本上呈互补分布，与名词类"1.1 生物"的情况相同。

以上我们对名词类"1.1 生物"和动词类"1 自主变化"进行了个案研究，统计义类子类各层级的外部组合特征和内部词根特征的数据，结果显示，对于某个层次的兄弟义类来说，如果它们的外部组合特征足够充分，可以区分各兄弟义类，那么这些义类的内部的词根特征可能不会很充分，表现在义类的固定词根比例与它上层的固定词根比例相比较低，否则，义类的固定词根比例较高（见表30）。这样，义类定义的外部组合特征和义类内部的词根特征在判断词义义类上有一定的互补作用。

需要指出的是，本项研究还存在两个问题。第一个是如何判定义类内部和外部特征是否充分的问题：内部特征，即义类的固定词根比例达到多少就可以认为是充分的内部特征；外部特征对义类定义的描述需要达到什么样的程度算是充分或不充分。目前还是一个很主观的考量，在今后的研究中，我们应该对这两个问题着重进行探讨，判定原则应该是一个客观且可操作的规范，尽量减少主观因素。第二个问题是多层复合词的分析，由于我们只对复合词进行一次划分，导致出现一些伪词根，这点需要在以后的研究中修正。

第三节 小结

本章对汉语义类进行基于统计的研究。首先统计了各个义类标记在语料库中的出现频次和分布情况，研究语料库中词汇表义是否有倾向性；然后我们对义类成员词的内部特征——词根，提出义类的固定词根概念：当某词根在某义类中出现的频次比例超过该词根在同级兄弟义类中出现总频次的70%，该词根是该义类的固定词根，我们研究了义类的固定词根与定义义类的外部组合特征的关系。通过这两项研究，我们发现：

1. 在我们使用的义项标注语料库中，词汇表达的概念意义显示出以人为中心的特点，表现为直接指人的名词、指称与人相关的名词、动词、形容词的数量占了语料库中全体词汇数量的大部分；

2. 义类标注中义类的内部特征与外部特征显示出一定程度的互补性，表现在：当义类外部特征显著的时候，义类的内部特征不显著；当义类外部特征不显著的时候，义类的内部特征往往显著。我们同时发现，义类的这种内外特征的互补性与义类层级的高低有一定的关系：义类层级高，外部特征显著，内部特征不显著；层级低，外部特征不显著，内部特征显著。

第七章

结　　论

　　本书从自然语言处理的角度出发，构造了一个适用于语料库标注的汉语名词、动词和形容词的词义义类体系，并用这个体系实现了语料库标注。其中名词义类体系有 97 个义类标记，动词义类体系有 39 个义类标记，形容词义类体系有 13 个义类标记，总共标注了 46650 个词条，名词 25517 条，动词 15920 条，形容词 5213 条。这个义类体系的特点是每个义类标记都有可操作性的定义，适用于语料库标注。

　　我们认为，词的句法语义表现形式是由词义决定的。这个义类体系以分布性假设、语义选择限制和组合理论为理论背景，使用句法功能、语义角色/论元结构和语义的组合性限制三个方面的特征对义类定义，使用词在实际语言使用中的组合特征作为描写各个义类定义的内容，其中句法功能和语义角色/论元结构特征是有限集合，这使得义类具有可操作性，可作为人工标注的参照。

　　我们对多义类词形进行了自动消歧实验。有 328 个多义类词形仅用高频义类标注法就获得了超过 90% 的消歧正确率。我们对 560 个频次超过 13 的多义类词形进行了基于机器学习的有监督自动消歧实验，结果有 84.1% 的多义类词形获得了超过 90% 的正确率，有 96% 的词形获得了超过 85% 的正确率。自动消歧结果说明了我们的义类体系有足够的可区分度，并且适用于自动标注。

　　这项研究的贡献在于以下三个方面。

　　第一，实现了语料库的义类标注，提出了一个新的语义标注类型。相对于目前主流的语义标注类型——义项标注来说，义类标注是一个新的语义标注类型。不仅是因为之前没有以公布的成果进行这样的尝试，更重要的是，义类标注有着比义项标注明显的优势：首先它大大降低了词语的歧义性，在我们的实验中，仅有4%的词条是多义类词条，歧义词条数量很少；其次，它不受未登录词的影响，因为义类标注不需要一部词典为前提。

第二，使用句法—语义组合框架对义类体系中的义类进行了定义，使得这个义类体系具有较强的可操作性，在义类标注中作为标注的参照。以往大部分的对词义知识体系的研究都从寻找词义可描写的特征着手，用这些特征去描写词义：WordNet用几个词义关系联结词义，形成词网；FrameNet使用动词的论元结构描写词义；HowNet使用定义好的义素描写词义；Chou, Ya-Min and Chu-Ren Huang（2008）使用汉字所表达的概念构造词义本体。但是词义义类体系的研究大多缺乏对义类进行系统性的定义，我们在句法功能、论元结构/语义角色和选择限制三个层面上，使用有限的定义特征，对词义义类体系进行描写，使得这个义类体系在语料库标注过程中具备一定的可操作性：在实际的语料库标注中，根据义类的定义，可以避免人工标注的不一致，并且可以识别未登录词的义类。

第三，本研究把句法功能、论元结构/语义角色和语义选择限制结合起来，提出一个基于句法—语义组合特征的义类定义框架，在建设义类的方法论方面作出了一定的贡献。论元结构/语义角色在定义义类中的作用是非常明显的，因为它综合考虑了词的句法功能和词义关系，而且动词和名词在词表中占了很大一部分。句法功能在义类定义中的直接作用不大，但是它为义类定义提供了框架，论元结构/语义角色和语义选择限制特征的描写都是在句法功能框架下进行的。语义的选择限制描写了概念间的限制关系，有很强的约束力，尤其是对低层的义类定义作用很大，并且由于形容词义类的定义基本无法使用论元结构/语义角色特征，语义选择限制在形容词义类定义中的作用很明显。

通过对语料库进行义类的统计，我们发现以下两个方面。

第一，义类的内部特征和外部特征的互补关系。义类标注是通过义类定义判断词的义类标记的过程。我们使用词义的外部组合特征（句法功能、论元结构/语义角色和选择限制）作为义类定义的描写特征项。但是，有些义类的外部组合特征并不明显，不足以与兄弟义类相区分，给义类标注带来严重障碍。为了解决这个问题，我们分析各个义类成员词的构词信息，抽取义类的固定词根，我们规定：当某个词根在一个义类中出现的频次超过其总频次的70%，则认为该词根是该义类的固定词根，固定词根是有表义倾向性的词根,当义类的外部特征不明显的时候,可以利用固定词根去判断词的义类标记。义类的固定词根被称为义类的内部特征。在研究中,我们发现,义类的内部特征和外部特征有一定程度的互补关系,表现为:当同一个层级的兄弟义类的外部特征不够显著,无法很好互相区分的时候,它们的内部特征往往比较显著。这种内外特征的互补关系往往随着义类层次的深入而加强,因为义类层级越高,外部特征越明显,则内部特征不一定会明显,而低层级的义类的外部特征往往比高层义类的外部特征的区别更加细微,所以内部特征会有所加强。我们认为,这种内外特征的互补关系的产生是由于汉语的构词关系与汉语词组合成词组、句子的关系一致的结果。比如我们通过人的外貌和性格来对人进行分类,外貌是人的外部特征,性格是人的内部特征,义类的高低层级可以类比为人之间的血缘关系,血缘关系越近,则外貌越有可能相似,反之则越不相似,人的外貌可以类比为义类的外部特征,性格可以类比为义类的内部特征。当两个人没有什么血缘关系,他们的外貌相差很大,我们可以仅通过外貌就将二人区分开,这时他们的性格是否相似,我们并不关心;当两个人的血缘关系很近,如亲兄弟或者双胞胎,长得很像,通过外貌我们已很难区分,这时我们就会诉诸性格的帮助,看他们的性格特征,不同的性格可以帮助我们区分他们,这时他们的性格差异一定要比较显著,否则他们的父母可能都无法区分他们。当两个人的外貌、性格都极其相似时,我们就无法对二人进行分类了,需要再考虑其他的分类因素了。这项发现为义类研究发掘出一条新的思路,即通过词的内部特征去构建义类体系的可能。亦可见汉语的词根在构建词汇知识库和自然语言处理中具有很大的潜在利用价值。

第二,我们使用的语料库的词汇义显示出"以人为中心"的特点。对于名词来说,在表具体概念的名词中,指人名词占了很大的比重,指人名词义类"1.1.1人"的频次占了名词义类总频次的16.9%。对于动词来说,施事是指人名词的动词占了很大比重,这些动词义类"1.3.2感知意向""3.1.1人自动行为""3.1.2社会行为""3.2.1人对象行为""3.3社会活动"和"3.4心理活动"这六类占了动词义类总频次的47.1%。

今后的研究方向如下。

1. 定义特征的系统化和精细化。使用句法—语义的组合特征对义类进行定义。我们将对三类组合特征:句法功能、论元结构/语义角色和语义选择限制，作更加具体明确的规定，扩大三类组合特征的规模，使之能够更加准确地表现词义的组合特征，把三类组合特征做成本体结构（ontology）形式，使得义类定义特征成为互有关联的有限集，并能够与其他的词汇知识库对接。

2. 完善定义的可操作性。在现有义类定义的基础上，我们要做到每一个义类都有有限步骤的定义，在完成组合特征本体结构的前提下，义类的定义将完全使用本体结构里面的元素，使得义类体系完全可操作化，具有很强的可计算性。

3. 扩大应用。我们将把本书中有关义类的研究成果用于语言教学和自然语言处理领域，如词典编纂、词义相似度计算、词义消歧等，来检验义类体系对工程的支撑度，并有的放矢地改进它。

参考文献

Books:

Lehrer, Adrienne, *Semantic Fields and Lexical Structure*, American Elsevier Publishing Co., 1974.

Levin, Beth, *English Verb Classes and Alternations: A Preliminary Investigation*, University of Chicago Press, 1993.

Christiane Fellbaum (ed.), *WordNet: An Electronic Lexical Database*, Massachusetts, USA: MIT Press, 1998.

D. A. Cruse, *Lexical Semantics*, New York: Cambridge University Press, 1986.

Agirre, Eneko and Philip Edmonds ed., *Word Sense Disambiguation: Algorithms and Applications*, Springer, 2006.

Zellig, Harris, *Mathematical Structures of Language*, New York: Interscience Publishers, 1968.

Witten, Ian, H., Eibe Frank and Mark A. Hall, *Data Mining: Practical Machine Learning Tools and Techniques (Third Edition)*, Morgan Kaufmann, 2011.

Lyons, John, *Semantics*, Cambridge University Press, 1973.

Murphy, M. Lynne, *Semantic Relations and the Lexicon: Antonymy, Synonymy and Other Paradigms*, Cambridge University Press, 2003.

Chomsky, Noam, *Aspects of the theory of syntax*, MIT Press, 1965.

Patrick, Saint-Dizier and E. Viegas, *Computational Lexical Semantics*, Cambridge Press, 1998.

Quinlan, Ross, *C4.5: Programs for Machine Learning*, Morgan

Kaufmann Publishers, San Mateo, CA, 1993.

Abraham, Samuel and Ferenc Kiefer, *A Theory of Structural Semantics*, The Hague, Paris, Mouton & Co., 1966.

Vossen, P. (ed), *EuroWordNet: A Multilingual Database with Lexical Semantic Networks*, Kluwer Academic Publishers, 1998.

Dong, Zhendong and Qiang Dong, *HowNet and the Computation of Meaning*, Hackensack, NJ: World Scientific Publishing Co., 2006.

Articles:

Agirre, Eneko & David Martinez, "Learning Class-to-Class Selectional Preferences", in *Proceedings of the Conference on Natural Language Learning*, Toulouse, France, 2001, pp. 15–22.

Bai, Xiaopeng & Wang Hui, "Syntactic-Semantic Model for Defining and Subcategorizing for Attribute Noun Class", in *the Proceedings of 24th Pacific Asia Conference on Language, Information and Computation*, Tohoku University, Sendai, Japan, 2010.

Chklovski et al., "The Senseval-3 Multilingual English-Hindi Lexical Sample Task", in *Proceedings of the Senseval-3: Third International Workshop on the Evaluation of System for the Semantic Analysis of Text*, Barcelona, Spain, 2004, pp. 5–8.

Chou, Ya-Min and Huang Chu-Ren, "Hantology: An Ontology Based on Conventionalized Conceptualization", in *Ontologies and Lexical Resources for Natural Language Processing*, Chu-Ren Huang et al. eds., Cambridge: Cambridge University Press, 2008.

Baker, Collin, F., Charles J. Fillmore & John B. Lowe, "The Berkeley FrameNet Project", in *The Proceeding of 17th International Conference on Computational Linguistics*, Vol 1, 1998.

Eleni Miltsakaki and Livio Robaldo et al., "Sense Annotation in the Penn Discourse Treebank", in *Lecture Notes in Computer Science*, Vol 4919, *Computational Linguistics and Intelligent Text*, p275–286, 2008.

John, George, H. and Pat Langley, "Estimating Continuous Distributions in Bayesian Classifiers", in *Eleventh Conference on Uncertainty in Artificial In-*

telligence, San Mateo, 1995, pp. 338-345.

Chao, Gerald and Michael G. Dyer, "Word Sense Disambiguation of Adjectives Using Probabilistic Networks", in *Proceedings of the 17th International Conference on Computational Linguistics*, Saarbrucken, 2000.

Greame, Hirst and David St-Onge, "Lexical Chains as Representations of Context in the Detection and Correction of Malaproprisms", in *WordNet: An Electronic Lexical Database*, ed. by Christiane Fellbaum, Massachusetts, USA: MIT Press, 1998, pp. 305-332.

Huang, Chu-Ren, "Towards a Chinese Wordnet and a CE/EC Bi-Wordnet", in *Chinese Language Sciences Workshop: Lexical Semantics*, Department of Chinese, Translation and Linguistics, City University of Hong Kong, 2000.

Platt, J., "Fast Training of Support Vector Machines Using Sequential Minimal Optimization", in *Advances in Kernel Methods - Support Vector Learning*, MIT Press, 1999, pp. 185-208.

Joachims, T., "Making large - scale SVM Learning Practical", in *Advances in Kernel Methods*, MIT-press, 1999, pp. 169-184.

Adam, Kilgarriff and Joseph Rosenzweig, "English Senseval: Report and Results", in *Proceedings of the International Conference on Language Resources and Evaluations (LREC)*, Athens, Greece, 2000, pp. 1239-1244.

Claudia, Leacock et al., "Using Corpus Statistics and WordNet Relations for Sense Identification", in *Computational Linguistics*, Vol 24 (1), 1998, pp. 147-165.

Lee, Y. K., Ng, H. T, "Supervised Word Sense Disambiguation with Support Vector Machines and Multiple Knowledge Sources", in *Proceedings of the SENSEVAL-3 workshop*, Barcelona, Spain, 2004.

Michael, Lesk, "Automatic Sense Disambiguation Using Machine Readable Dictionaries: How to Tell a Pine Cone from an Ice Cream Cone", in *Proceedings of the ACM - SIGDOC Conference*, Toronto, Canada, 1986, pp. 24-26.

Diana, McCarthy and John Carroll, "Disambiguation Nouns, Verbs and Adjectives Using Automatically Acquired Selectional Preferences", in *Computational Linguistics*, Vol 29 (4), 2003, pp. 639-654.

Rada, Mihalcea, "Large Vocabulary Unsupervised Word Sense Disambiguation with Graph - Based Algorithm for Sequence Data Labeling", in *Proceedings of the Joint Human Language Technology and Empirical Methods in Natural Language Processing Conference*, Vancouver, Canada, 2005, pp. 411-418.

Rada, Mihalcea and Dan Moldovan, "An Iterative Approach to Word Sense Disambiguation", in *Proceedings of the Annual Meeting of the Association for Computational Linguistics*, Maryland, USA, 1999, pp. 152-158.

George, Miller and Walter Charles, "Contextual Correlates of Semantic Similarity", in *Language and Cognitive Processes*, Vol 6 (1), 1991, pp. 1-28.

George, Miller et al., "Using a Semantic Concordance for Sense Identification", in *Proceedings of the Fourth ARPA Human Language Technology Workshop*, 1994, pp. 303-308.

Ide, Nancy and Jean Veronis, "Introduction to the Special Issue on Word Sense Disambiguation: The State of the Art", *Computational Linguistics*, MIT Press, 1998, pp. 1-40.

Ng, H. T. and Hian B. Lee, "Integrating Multiple Knowledge Sources to Disambiguation Word Senses: An Exemplar-Based Approach", in *Proceedings of the 34th Annual Meeting of the Association for Computational Linguistics*, Santa Cruz, USA, 1996, pp. 40-47.

Okumura Manabu and Takeo Honda, "Word Sense Disambiguation and Text Segmentation Based on Lexical Cohesion", in *Proceedings of the International Conference on Computational Linguistics*, Kyoto, Japan, 1994, pp. 755-761.

Redington, M., Chater, N. & Finch, "Distributional Information: A powerful Cue for Acquiringsyntactic Categories", in *Cognitive Science*, 1998, Vol 22, pp. 425-469.

Philip, Resnik, "Selection and Information: A Class-Based Approach to Lexical Relationships", PhD Thesis, University of Pennsylvania, 1993.

Saffran J. R. et al., "Statistical Learning by 8-Month-Old Infants", in *Science*, Vol 274, 1996, pp. 1926-1928.

Farrar, Scott et al., "A Common Ontology for Linguistic Concept", in *Proceedings of the Knowledge Technologies Conference*, Seattle, WA, 2002.

Mcdonald, Scott and Michael Ramscar, "Testing the distributional hypothesis: The Influence of Context on Judgements of Semantic Similarity", in *Proceedings of the 23rd Annual Conference of the Cognitive Science Society*, Edinburgh, Scotland, 2001.

Park, Seong-Bae et al., "Word Sense Disambiguation by Learning Decision Trees for Unlabeled Data", in *Applied Intelligence* 19, 2003, pp. 27–38.

Mark, Stevenson and Yorick Wilks, "The Interaction of Knowledge Sources in Word Sense Disambiguation", in *Computational Linguistics*, Vol 27 (3), 2001, pp. 321–349.

Gruber, Tom, "Ontology", in *Encyclopedia of Database Systems*, Ling Liu and M. Tamer Özsu (Eds.), Springer-Verlag, 2009, pp. 1963–1965.

Wu, Yunfang et al., "A Chinese Corpus with Word Sense Annotation", in *Proceedings of ICCPOL*, Singapore, 2006, pp. 414–421.

Freund, Yoav and Robert E. Schapire, "Experiments with A New Boosting Algorithm", in *Thirteenth International Conference on Machine Learning*, San Francisco, 1996, pp. 148–156.

专书：
董大年主编：《现代汉语分类词典》，汉语大词典出版社1998年版。
符淮青：《现代汉语词汇》，北京大学出版社1985年版。
符淮青：《词义的分析和描写》，语文出版社1996年版。
郭大方：《现代汉语动词分类词典》，吉林教育出版社1994年版。
C. J. Fillmore：《格辩》，胡明扬译，商务印书馆2002年版。
林杏光：《词汇语义和计算语言学》，语文出版社1999年版。
林杏光、菲白编：《简明汉语义类词典》，商务印书馆1987年版。
梅家驹：《同义词词林》，上海辞书出版社1983年版。
王安节、周殿龙：《形容词分类词典》，吉林教育出版社1993年版。
王惠：《现代汉语名词词义组合分析》，北京大学出版社2004年版。
许嘉璐、傅永和主编：《中文信息处理现代汉语词汇研究》，广东教育出版社2006年版。

张志毅、张庆云：《词和词典》，中国广播电视出版社 1994 年版。

张志毅、张庆云：《词汇语义学》，商务印书馆 2001 年版。

论文：

柏晓鹏、林进展：《基于论元语义特征的中文动词语义类研究》，第 9 届汉语词汇语义学研讨会，新加坡，2008 年。

陈群秀：《现代汉语述语动词机器词典的扩充和槽关系研究》，《语言文字应用》2001 年第 4 期。

陈小荷：《一个面向工程的语义分类体系》，《语言文字应用》1998 年第 2 期。

程月、陈小荷等：《基于义类信息的动宾搭配的考察与实验》，《中国计算技术与语言问题研究——第七届中文信息处理国际会议论文集》，2007 年。

贾玉祥、俞士汶：《基于词典的名词性隐喻识别》，《中文信息学报》2011 年第 2 期。

苏新春、洪桂治、唐师瑶：《再论义类词典的分类原则与方法》，《世界汉语教学》2010 年第 24 卷第 2 期。

田久乐、赵蔚：《基于同义词词林的词语相似度计算方法》，《吉林大学学报》（信息科学版）2010 年第 6 期。

王惠：《基于组合特征的汉语名词词义消歧》，in *Computational Linguistics and Chinese Language Processing*，2002，Vol 7（2），pp. 77–88.

王惠、詹卫东、俞士汶：《现代汉语语义词典规范》，in *The Journal of Chinese Language and Computing*，2003，Vol 13（2），pp. 159–176.

肖航：《基于词典的语料库词义标注》，硕士学位论文，新加坡国立大学，2008 年。

颜国伟、谭慧敏：《基于知网的语料标注手册》，香港科技大学计算机科学系，新加坡南洋理工大学中华语言文化中心，1999 年。